21世纪普通高校会计学系列精品教材

会计综合实验教程

（第二版）

王秀芬 ◎ 主 编

清华大学出版社
北 京

内容简介

本书以市场为导向，以培养应用型会计人才为目标，适时兼顾相关财会法规的发展趋势，使框架设计合理、内容科学完整、仿真效果好、实用性强。在内容安排上，以某制造业企业一个会计期间的主要交易和事项为例，设计了整个会计循环过程的部分主要业务。通过实际操作，不仅可以使学生掌握会计核算的全部过程，而且能使学生切身体会主要会计岗位的具体工作，从而能够比较系统、全面地了解制造业企业的会计核算。

本书适用于会计学、审计学和财务管理等专业会计综合模拟实验课程的教学，也可作为成人教育、自学会计知识人士的实训用书。

图书在版编目(CIP)数据

会计综合实验教程 /王秀芬主编．—2版．—北京：清华大学出版社，2019(2023.3重印)
(21世纪普通高校会计学系列精品教材)
ISBN 978-7-302-52433-5

Ⅰ.①会… Ⅱ.①王… Ⅲ.①会计学－高等学校－教材 Ⅳ.①F230

中国版本图书馆CIP数据核字(2019)第039289号

责任编辑：杜　星
封面设计：汉风唐韵
责任校对：宋玉莲
责任印制：沈　露

出版发行：清华大学出版社
网　　址：http://www.tup.com.cn，http://www.wqbook.com
地　　址：北京清华大学学研大厦A座　　**邮　　编**：100084
社 总 机：010-83470000　　**邮　　购**：010-62786544
投稿与读者服务：010-62776969，c-service@tup.tsinghua.edu.cn
质量反馈：010-62772015，zhiliang@tup.tsinghua.edu.cn
课件下载：http://www.tup.com.cn，010-83470332
印 装 者：涿州市般润文化传播有限公司
经　　销：全国新华书店
开　　本：185mm×230mm　　**印　　张**：14.5　　**字　　数**：167千字
版　　次：2013年5月第1版　2019年4月第2版　　**印　　次**：2023年3月第4次印刷
定　　价：45.00元

产品编号：078101-01

21 世纪普通高校会计学系列精品教材

第一版总序

郑州航空工业管理学院是新中国成立以来较早开设会计学专业的院校，其师资力量雄厚，教学严谨，认真负责，已在会计教育方面积累了丰富的经验，在教材建设方面奠定了基础。改革开放后，为适应社会主义市场经济建设的要求和会计改革在制度与理论、实务方面发生的变化，自20世纪90年代，郑州航空工业管理学院已组织骨干教师编撰出版了多部会计专业教材，使教材建设得到显著推进。从2010年起，郑州航空工业管理学院又着手“21世纪普通高校会计学系列精品教材”编撰工作。经过精心策划与组织研究，以及全院教学骨干努力撰稿与反复修订，目前已全部完稿，将与清华大学出版社合作出版这套系列精品教材。这套最新系列教材在总结以往教材使用经验的基础上，全面地、具有创新性地改革了教材结构与内容，在改革中推陈出新，形成了完善的会计专业教材体系。精品教材体系涵盖了会计本科教学的全部主干课程，它由16本教材组成，包括《基础会计学》《财务会计学》《成本会计学》《管理会计学》《高级财务会计学》《会计学》《审计学》《会计信息系统》《财务管理学》《税务会计学》《政府与非营利组织会计》《银行会计学》《财务报表分析》《会计基础实验教程》《会计综合实验教程》《会计信息系统实验教程》。从整体上研究，这套精品教材的基本特色在于：

第一，教材体系框架设计完整，内容衔接、布局合理，体现了专业知识的全面性、系统性和层次性。精品系列教材不仅为开展会计本科专业教学提供了具有教学引导力度与科学研究深度的内容，而且还为非财会类专业学生学习提供了具有针对性、切实性的教科书。在会计专业本科教学方面，这套教材体现了三个层次的结合：一是初级、中级和高级专业课程教材的结合，如初级层次的《基础会计学》、中级层次的《成本会计学》和《管理会计学》等和高级层次《高级财务会计学》的结合；二是体现了会计一般业务和特殊业务的结合，如讲授会计一般业务的《财务会计学》和讲授特殊业务的《政府与非营利组织会计》的结合等；三是体现了会计理论和实践教学的结合，如这套教材中包含的三本实验教程，做到了以实践实证理论，以理论指导、提高实践。

第二，教材编写定位清晰，注重于培养综合能力，契合了会计专业本科培养目标。随着市场经济改革的深入，政府与实务界对会计人才培养提出了更高的要求和期望，面向未来的会计专业学生培养不能仅仅依靠传统会计类课程的教学，而且还必须融入更多相关学科和跨学科领域知识的结合与储备，以实现学生专业能力的整合提升与兼容。这套教材以培育财经复合型实用人才为目标，注重培养学生的综合能力，采用统一、规范的教材编写体例，通过大量案例、习题和启发性思考题，为学生综合专业素质的提升进行了有益的尝试，体现了学科之间的交叉、渗透与融合，破除了就会计讲会计与研究会计问题的传统做法。

第三，教材内容丰富，写作深入浅出，突出了课程的实用性和可操作性。如在引导学生研究新问题方面，基于实体经济和虚拟经济协调发展对会计学教育提出的更高要求，以及随着市场经济的深入发展，虚拟经济在市场经济中显示出来的不可忽视的重要作用，在教材中通过对虚拟经济环境下会计新问题的研究，引导学生正确认识实体经济与虚拟经济之间的关系，以此提高学生的知识面和研究新问题的能力。近些年来国际会计准则的改革和发展明显地反映与体现了虚拟经济对实体经济的影响与冲击，在这一背景下，会计作为协调经济社会发展的重要支撑力量，必须直面这些变化和趋势，做出相应调整。这套教材较好地处理了新经济问题对经济社会发展带来的影响，积极引入实务中出现的最新经济业务实例，尤其是引入了具有典型虚拟经济特征的案例与业务，正确而通俗易懂地对其进行研讨性讲解，并在教学案例和课后习题的编写上体现了这一特点。

第四，教材之间的内容组织得当，避免了重复和方便了教学。这套教材在内容设计上有合理分工，如《财务会计学》不涉及税务处理的内容，而集中在《税务会计学》中系统进行阐述；再如《会计基础实验教程》设计的实验内容侧重培养学生基本的分析和解决专业问题的能力，而《会计综合实验教程》设计的实验内容则侧重培养学生综合的分析能力，使学生熟练掌握会计核算的全部工作流程。

第五，内容新颖，兼顾稳定性与前瞻性，显示了教材的先进性。精品教材在全面、系统地介绍各门课程基础知识的同时，注重吸收国内外的最新理念，体现会计学科的发展趋势。如《基础会计学》吸收了国际财务报告准则的最新改革成果，将《财务报告概念框架：报告主体》《财务报告概念框架第一章：通用目的财务报告的目标》等内容反映其中，其他相关教材均以我国 2007 年执行的会计准则体系为指导撰写，并融入我国会计改革和发展的最新成果，使学生在系统掌握相关知识结构的基础上，能够及时了解学科发展的前沿动态。

会计教材建设是会计教育改革的重要基础性环节，没有优秀教材便不能培养出优秀的学生。我向读者推荐这套具有一定创新力度的精品教材，并衷心期望郑州航空工业管理学院今后能不断总结教材在实际教学应用中的经验，推出更多更好的专业教材，为会计教育事业的发展作出贡献！是为序。

郭道扬

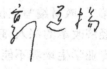

2012 年 8 月于武昌南湖

第二版前言

“经济越发展，会计越重要。”会计作为全球通用的商业语言，在经济全球化过程中发挥的作用日显重要，市场急需具备扎实会计理论功底、熟练操作技能和较强职业判断能力的懂专业、会管理的会计人才。为适应市场经济对会计人才的要求，会计教学必须将理论教学和实验教学密切结合，培养学生的综合分析能力和实际操作技能，以提高人才培养质量。由于会计岗位的特殊性和扩招导致学生人数剧增，很多学生在专业学习期间很难到企业集中开展专业实习，多数学校组织学生开展校内专业仿真实验，即开设校内实验课程。为满足实践教学的需要，我们编写了本书。

本书是国家级精品在线开放课程（“财务会计学”）、河南省教学团队（会计学专业核心课程教学团队）的建设内容之一，其特色主要体现在以下几个方面。

第一，框架体系合理、科学。本教材以模拟某制造业企业一个会计期间在供、产、销经营过程中发生的交易和事项为例，以会计核算为主线，将交易和事项的内容及相关资料进行衔接，设计了整个会计循环过程的部分主要业务。

第二，实验内容综合、完整。本书中设计的实验内容包括开设账户、审核和分析原始凭证、填制记账凭证、登记账簿、计算产品成本、核算损益、计算与申报应缴税款、分配利润和编制财务报表等，涵盖了财务会计学（中级）、成本会计学和税务会计学等课程的主要内容，综合性强。

第三，实验情境真实。本书对企业发生的交易和事项仅提供原始凭证，不做业务描述，与真实的企业会计情境一致，仿真效果好，有利于培养学生分析问题和解决实际问题的能力，促进学生职业判断能力的形成和提高。

随着企业会计准则的陆续修订、新准则的发布及相关税法的不断调整，原书的部分内容已不适应当前的变化，为此我们对本书进行了全面修订：按照增值税改革的内容，调整了税率和相关业务内容；依据企业会计准则和财务报告格式的最新要求，补充、修订了政府补助、财务报告等内容。为方便教学，书中提供了实验需要材料的数量。

本次修订仍由原作者完成。王秀芬教授任主编，负责设计教材修订框架、修订部分业务和审订全部书稿；王会兰教授、王留根教授和潘广伟副教授负责设计修订部分具体业务。特别感谢侯冠军老师对本次修订工作给予的技术支持。

为保证教材质量，在形成书稿后笔者多次校对。但由于水平有限，书中难免存在不足和疏漏之处，敬请读者批评指正！

编 者

2019 年 2 月

目 录

第一章　模拟实验企业基本情况简介

第一节　注册资本、企业类型与经营范围

企业名称：中原市嵩山电机厂

地　　址：中原市平安区农业路 52 号

联系电话：32345679

法定代表：孙建国

注册资本：壹仟捌佰万圆整

企业类型：有限责任公司（国有联营）

经营范围：生产、销售电机

统一社会信用代码：91410100410209457X

开户银行：

基本存款户：中国工商银行中原分行隆兴支行 账号：6222020200026808184

一般存款户：中国建设银行中原分行兴通支行 账号：6227002633200111411

第二节　会计核算规定

该企业实行集中核算，各车间只提供成本计算的原始资料，全部会计核算由厂部财务部进行。材料（含周转材料）按计划价格核算，材料的各种明细账设在仓库，由材料保管员和材料核算员共同登记；全月购入材料，月末汇总登记总账并结转材料成本差异。产品成本计算采用平行结转分步法，各车间只计算应计最终全厂完工产品的份额，最后由厂部汇总计算出全厂的完工产品总成本和单位成本；销售成本的结转采用加权平均法。该企业采用科目汇

总表会计处理程序，根据业务量的大小，半月汇总一次，并登记总分类账户。

该企业财务部共有会计人员 6 人。其中：财务部长 1 人，负责财务部的全面工作和审核业务；出纳员 1 人，负责货币资金的收付及现金日记账和银行存款日记账的登记；材料核算员 1 人，负责材料采购、入库、领用等业务有关明细账的登记；成本核算员 2 人，负责各种成本、费用计算、日常核算及记账凭证的填制和有关明细账的登记；记账员 1 人，负责定期汇总编制科目汇总表，并登记各种总账及有关会计报表的编制。

该企业的库存现金限额为 55 000 元；坏账准备按年末应收款项余额的 5%计提；固定资产折旧采用年限平均法，房屋及建筑物、机器设备和运输设备的月折旧率分别为 1%、1.5%和 2%；无形资产按其使用寿命平均摊销，其中专利权的摊销期限为 12 年，土地使用权和非专利技术的摊销年限均为 10 年；固定资产的修理费用作为期间费用反映。

第三节 纳税规定

该企业为增值税一般纳税人，全部材料、库存商品的采购、销售价格均为不含增值税价格，增值税税率为 16%。该企业一个月为一个纳税期，城市维护建设税税率为 7%，教育费附加的计提比例为 5%（其中地方教育附加计提比例为 2%）。该企业按月预交企业所得税，年末进行汇算清缴，企业所得税税率为 25%。该企业主管税务机关同意企业年末按应收款项余额 5%计提坏账准备。

第二章　实验目的和要求

第一节　实验目的

本实验以制造业企业——中原市嵩山电机厂为例，设计了从建账到日常会计核算、计算产品成本和利润并进行利润分配，到最后编制会计报表全部过程的会计资料。通过实际操作，不仅使学生掌握填制和审核原始凭证与记账凭证、登记账簿、成本计算、编制会计报表的全部会计工作技能和方法，而且能够初步尝试出纳员、材料核算员、成本核算员、记账员等会计工作岗位的具体工作，从而对制造业企业的会计核算过程有一个比较系统、全面的认识，最终达到会计理论和方法与会计实务融合的目的。

通过该综合模拟实验，学生可以比较系统地练习制造业企业会计核算的基本程序和方法，加强学生对所学专业理论知识的理解，培养学生的实际操作能力，从而提高学生运用会计基本技能进行会计实务处理的水平。

第二节　实验要求

1. 全部实验要求使用统一的模拟会计凭证、账页及会计报表格式。

2. 操作前学生应认真学习《会计基础工作规范》，并严格按照有关规定填写会计凭证，应写清会计凭证的编号、日期、业务内容、金额及有关资料，登记账簿时字迹要清楚，并按规定的程序和方法记账、结账。发现错账，应采用正确的更正方法，切勿刮、擦、挖、补和涂改。

3. 全部实验结束后，将各种记账凭证，连同所附的原始凭证或原始凭证汇总表按编号顺序排列，折叠整齐，加具封面，装订成册。各种账页和报表也应分别加具封面，装订成册。

4. 实验过程中需配备专、兼职实验教师，组织和指导全部实验过程，并根据学生完成实习的质量综合评定实验成绩。

5. 实验结束后要求每人提交一份实验报告，主要总结在模拟实验中的体会，并结合实验内容对实验课程提出改进建议。

6. 本实验大约需要 80 课时(2 周)。

第三章　模拟实验程序和具体要求

第一节　模拟实验程序

1. 由于该项实验是在学完“财务会计学(中级财务会计)”“成本会计学”和“税务会计学”等主要专业课之后开展的，因此，全部实验由个人独立完成，以便学生能够完整了解制造业企业会计核算的全过程，培养学生综合分析和解决问题的能力。为了真实感更强，也可将学生分成每6人一组，实际操作财务部内的各项具体工作。

2. 熟悉实习企业概况、会计核算及纳税规定。

3. 根据该企业20×8年12月1日各总分类账及明细分类账的余额，练习建账。根据各账户所反映的经济内容，选择不同格式的账簿，并登记期初余额(摘要栏写“承前页”)。没有期初余额的账户，在实际发生经济交易和事项时陆续开设。

4. 根据有关交易和事项的原始凭证，首先进行审核，在准确无误的情况下，练习填制记账凭证。该企业的记账凭证分为收款凭证、付款凭证和转账凭证三种，应分别编号。

5. 根据填制和审核无误的收、付款凭证，逐笔登记“库存现金日记账”“银行存款日记账”。

6. 根据记账凭证及所附原始凭证或原始凭证汇总表，顺序登记有关明细分类账。为减少实习的重复工作量，请按“建账与核算资料(二)”中的要求设置相关总分类账的明细分类账，其余明细分类账从略。

7. 根据本月全部采购材料业务的各种收料单，编制“收料凭证汇总表”，并计算材料成本差异额和差异率；根据本月全部领料业务的各种领料单，编制“发料凭证总表”，并计算本月领用材料应承担的差异额。

8. 月末采用平行结转分步法计算本月完工产品的生产成本。

9. 外购的动力费用通过辅助生产车间归集分配(辅助生产车间的成本采用直接分配

法)，制造费用按定额工时比例进行分配。

10. 根据各种记账凭证定期于每月 15 日、月末汇总编制科目汇总表，并利用科目汇总表进行试算平衡。

11. 根据科目汇总表登记有关总分类账。

12. 该企业采用“账结法”计算每月利润总额，年末一次计算全年所得税费用，年终对全年净利润进行分配，并结清除“未分配利润”以外的所有“利润分配”明细账。

13. 根据有关资料编制 20×8 年的“资产负债表”“利润表”“现金流量表”及“所有者权益变动表”。

第二节　模拟实验具体要求

1. 各种分配率的计算，均保留至小数点后四位，第五位四舍五入。在成本计算过程中，分配成本的尾差一律计入 ZD 电机的成本。

2. 材料成本差异率按材料的主要类别计算，分别按原料及主要材料、燃料、外购半成品、辅助材料、备品配件、低值易耗品和包装物计算差异率。

3.“生产成本”明细账按车间分产品开设，月末再将“生产成本”明细账归集的成本在完工产品和在产品之间进行分配，编制车间成本计算单和完工产品成本汇总单。

4. 部分交易或事项的原始凭证，需要根据有关资料自行填制，以了解和掌握原始凭证的填制方法。

第四章 生产工艺流程

该企业有三个基本生产车间，即铸造车间、机加车间和装配车间，顺序加工生产产品，各车间均不设半成品库。企业还设有两个辅助生产车间，即机修车间和供电车间，机修车间负责对全厂机器设备的维修，供电车间接受外来电源，负责记录全厂各部门的用电及电器的维修。

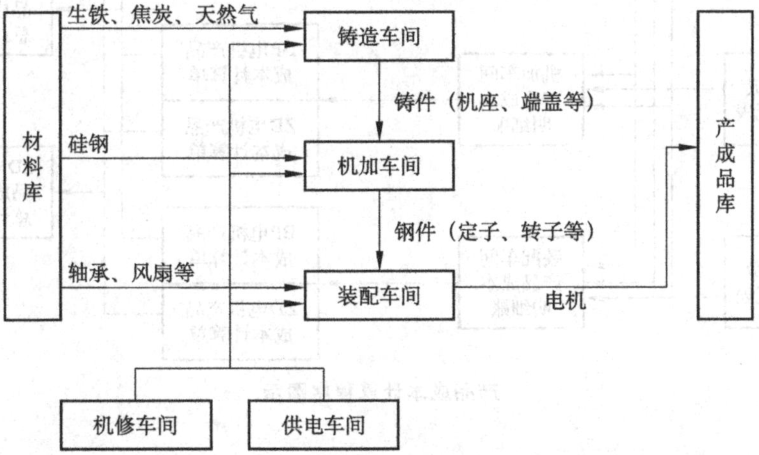

生产工艺流程图示

第五章 产品成本计算程序

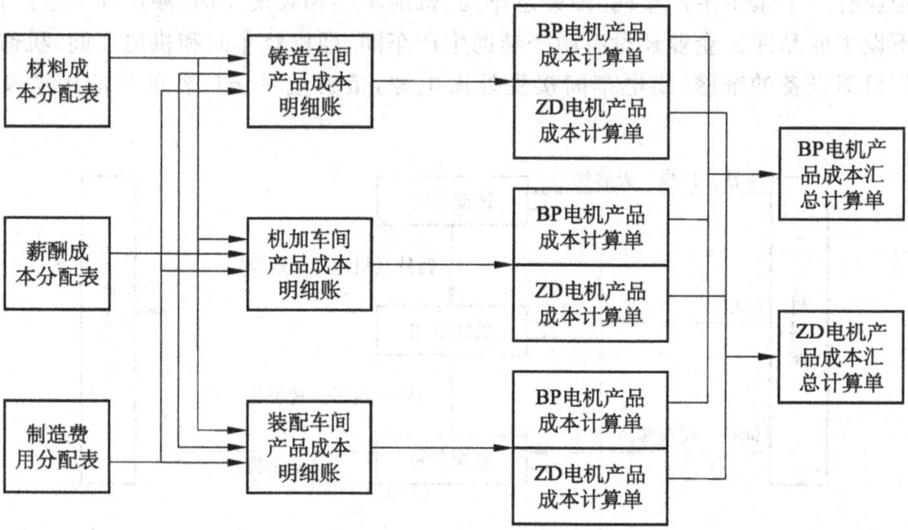

产品成本计算程序图示

第六章　建账与核算资料

第一节　一般企业会计科目表

顺序	编号	会计科目名称	顺序	编号	会计科目名称
		一、资产类	18	1406	发出商品
1	1001	库存现金	19	1407	商品进销差价
2	1002	银行存款	20	1408	委托加工物资
3	1015	其他货币资金	21	1411	周转材料
4	1101	交易性金融资产	22	1471	存货跌价准备
5	1121	应收票据	23	1481	持有待售资产
6	1122	应收账款	24	1501	债权投资
7	1123	预付账款	25	1502	债权投资减值准备
8	1131	应收股利	26	1503	其他债权投资
9	1132	应收利息	27	1511	长期股权投资
10	1221	其他应收款	28	1512	长期股权投资减值准备
11	1231	坏账准备	29	1513	其他权益工具投资
12	1321	代理业务资产	30	1521	投资性房地产
13	1401	材料采购	31	1531	长期应收款
14	1402	在途物资	32	1532	未实现融资收益
15	1403	原材料	33	1601	固定资产
16	1404	材料成本差异	34	1602	累计折旧
17	1405	库存商品	35	1603	固定资产减值准备

续表

顺序	编号	会计科目名称	顺序	编号	会计科目名称
36	1604	在建工程			三、所有者权益类
37	1605	工程物资	67	4001	实收资本
38	1606	固定资产清理	68	4002	资本公积
39	1701	无形资产	69	4003	其他权益工具
40	1702	累计摊销	70	4004	其他综合收益
41	1703	无形资产减值准备	71	4101	盈余公积
42	1711	商誉	72	4103	本年利润
43	1801	长期待摊费用	73	4104	利润分配
44	1811	递延所得税资产	74	4201	库存股
45	1901	待处理财产损溢			四、成本类
		二、负债类	75	5001	生产成本
46	2001	短期借款	76	5101	制造费用
47	2101	交易性金融负债	77	5201	劳务成本
48	2201	应付票据	78	5301	研发支出
49	2202	应付账款			五、损益类
50	2203	预收账款	79	6001	主营业务收入
51	2211	应付职工薪酬	80	6051	其他业务收入
52	2221	应交税费	81	6101	公允价值变动损益
53	2231	应付利息	82	6102	资产处置损益
54	2232	应付股利	83	6103	其他收益
55	2241	其他应付款	84	6111	投资收益
56	2251	持有待售负债	85	6301	营业外收入
57	2314	代理业务负债	86	6401	主营业务成本
58	2401	递延收益	87	6402	其他业务成本
59	2501	长期借款	88	6405	税金及附加
60	2502	应付债券	89	6601	销售费用
61	2701	长期应付款	90	6602	管理费用
62	2702	未确认融资费用	91	6603	财务费用
63	2711	专项应付款	92	6701	资产减值损失
64	2801	预计负债	93	6702	信用减值损失
65	2805	递延收益	94	6711	营业外支出
66	2901	递延所得税负债	95	6801	所得税费用
			96	6901	以前年度损益调整

第二节 账页格式及20×8年12月期初余额

单位:元

账户编号	总分类账户	明细分类账户	借方余额	贷方余额	账页格式
1001	库存现金		50 200		三栏式
1002	银行存款		3 491 923		三栏式
		中国工商银行	2 635 649		三栏式
		中国建设银行	856 274		三栏式
1015	其他货币资金		310 000		三栏式
		外埠存款	60 000		略
		存出投资款	250 000		略
1121	应收票据		1 411 400		三栏式
		南京重型机械公司	980 000		略
		大连机械有限公司	73 000		略
		北方机电公司	158 400		略
		新乡重型机械厂	200 000		略
1122	应收账款		1 174 600		三栏式
		中原机电公司	327 600		三栏式
		中原市机床经销公司	62 000		三栏式
		北华重型机械有限公司	785 000		三栏式
1123	预付账款		300 000		三栏式
		京南钢铁集团	300 000		略
1221	其他应收款		4 000		三栏式
		毛杰	4 000		略
1231	坏账准备			8 000	三栏式
		应收账款		8 000	略
1403	原材料		1 865 530		三栏式
		原料及主要材料	1 480 000		数量金额式
		燃料	146 680		数量金额式
		外购半成品	227 000		数量金额式

续表

账户编号	总分类账户	明细分类账户	借方余额	贷方余额	账页格式
		辅助材料	3 850		数量金额式
		备品配件	8 000		数量金额式
1404	材料成本差异		53 280		三栏式
		原料及主要材料	36 000		三栏式
		燃料	3 000		三栏式
		外购半成品	6 000		三栏式
		辅助材料		120	三栏式
		备品配件	400		三栏式
		低值易耗品	500		三栏式
		包装物	7 500		三栏式
1405	库存商品		2 832 000		三栏式
		BP 电机	1 920 000		数量金额式
		ZD 电机	912 000		数量金额式
1411	低值易耗品	劳保用品	18 000		三栏式
1412	包装物	包装箱	240 000		三栏式
1471	存货跌价准备			25 000	三栏式
		外购半成品		15 000	略
		包装物		10 000	略
5001	生产成本		649 520		三栏式
		铸造车间	207 920		多栏式
		机加车间	191 600		多栏式
		装配车间	250 000		多栏式
1501	债权投资		360 000		三栏式
		面值	300 000		略
		应计利息	60 000		略
1511	长期股权投资		6 206 000		三栏式
		中原市机床厂—投资成本	5 275 100		三栏式
		中原市机床厂—损益调整	930 900		三栏式
1601	固定资产		18 350 000		三栏式
		房屋及建筑物	11 230 000		略

续表

账户编号	总分类账户	明细分类账户	借方余额	贷方余额	账页格式
		机器设备	6 335 000		略
		运输设备	785 000		略
1602	累计折旧			5 950 000	三栏式
1603	固定资产减值准备			50 000	三栏式
		机器设备		40 000	略
		运输设备		10 000	略
1604	在建工程		1 150 000		三栏式
		出包工程	1 150 000		略
1701	无形资产		2 900 000		三栏式
		专利权	1 000 000		略
		非专利技术	800 000		略
		土地使用权	1 100 000		略
1702	累计摊销			360 000	三栏式
1811	递延所得税资产		18 750		三栏式
2001	短期借款			4 020 000	三栏式
2201	应付票据			80 000	三栏式
		新亚钢厂		80 000	略
2202	应付账款			171 000	三栏式
		立新轴承厂		98 000	略
		安阳钢铁厂		73 000	略
2203	预收账款			360 000	三栏式
		宏达机电公司		360 000	略
2211	应付职工薪酬			1 530 351	三栏式
		工资		1 005 448	略
		社会保险费		295 720	略
		住房公积金		177 432	略
		工会经费		29 572	略
		职工教育经费		22 179	略
2221	应交税费		305 600		三栏式

续表

账户编号	总分类账户	明细分类账户	借方余额	贷方余额	账页格式
		未交增值税		404 000	三栏式
		应交城市维护建设税		28 280	三栏式
		应交教育费附加		12 120	三栏式
		应交地方教育费附加		8 080	三栏式
		应交企业所得税	758 080		三栏式
2231	应付利息			4 000	三栏式
2241	其他应付款			504 152	三栏式
		市电机经销公司(保证金)		6 000	三栏式
		中原机电公司(保证金)		25 000	三栏式
		社会保险费		295 720	三栏式
		住房公积金		177 432	三栏式
2501	长期借款			1 416 000	三栏式
		本金		1 200 000	略
		应计利息		216 000	略
2502	应付债券			912 000	三栏式
		面值		800 000	略
		利息调整		30 000	略
		应计利息		82 000	略
2701	长期应付款			666 000	三栏式
		应付租入固定资产租赁费		666 000	略
4001	实收资本			18 000 000	三栏式
		国家投资		15 000 000	略
		其他单位投资		3 000 000	略
4002	资本公积			793 600	三栏式
4101	盈余公积			2 380 000	三栏式
4103	本年利润			2 986 400	三栏式
4104	利润分配	未分配利润		1 474 300	三栏式
合计			41 690 803	41 690 803	

第三节　有关明细账户余额

一、"生产成本"明细账户 12 月期初余额

"生产成本"明细分类账户期初余额　　单位：元

车间	成本项目 / 产品名称	直接材料	直接人工	制造费用	合　计
铸造车间	BP 电机	109 200	36 480	10 320	156 000
	ZD 电机	25 800	21 660	4 460	51 920
	合　计	135 000	58 140	14 780	207 920
机加车间	BP 电机	87 360	25 080	12 360	124 800
	ZD 电机	40 080	19 380	7 340	66 800
	合　计	127 440	44 460	19 700	191 600
装配车间	BP 电机	118 510	23 940	26 850	169 300
	ZD 电机	48 420	17 418	14 862	80 700
	合　计	166 930	41 358	41 712	250 000

二、"原材料"明细账户 12 月期初余额

"原材料"明细账户期初余额

明细账户及名称	计量单位	结存数量	计划单价	结存金额(元)
原料及主要材料				1 480 000
生铁	吨	200	3 500	700 000
硅钢	吨	100	7 800	780 000
燃料				146 680
焦炭	吨	100	1 450	145 000

续表

明细账户及名称	计量单位	结存数量	计划单价	结存金额(元)
天然气	立方米	700	2.4	1 680
外购半成品				227 000
轴承	套	300	720	216 000
风扇	台	100	110	11 000
辅助材料				3 850
油漆	千克	400	4	1 600
润滑油	千克	300	7.5	2 250
备品配件	件	20	400	8 000

三、"包装物与低值易耗品"明细账户 12 月期初余额

"包装物与低值易耗品"明细账户期初余额

明细账户及名称	计量单位	结存数量	计划单价	结存金额(元)
包装物				
包装箱	个	300	800	240 000
低值易耗品				
劳保用品	套	200	90	18 000

四、"库存商品"明细账户 12 月期初余额

"库存商品"明细账期初余额 单位：元

产品名称	结存数量	单位实际成本	期初余额
BP 电机	40	48 000	1 920 000
ZD 电机	30	30 400	912 000

第四节　20×8 年 12 月产品产量记录和产品定额工时资料

一、产量记录

BP　电　机

项　　目	铸造车间	机加车间	装配车间
月初在产品	10	15	12
本月投产	30	30	40
本月完工	30	40	50
月末在产品	10	5	2
投料 100%	10	5	2
施工 50%	5	2.5	1

ZD　电　机

项　　目	铸造车间	机加车间	装配车间
月初在产品	10	15	10
本月投产	25	30	35
本月完工	30	35	40
月末在产品	5	10	5
投料 100%	5	10	5
施工 60%	3	6	3

二、定额工时

产品定额工时统计表

车间 产品	铸造车间	机加车间	装配车间
BP 电机	3 500	5 800	4 500
ZD 电机	1 500	1 200	3 000
合　计	5 000	7 000	7 500

第五节　企业 20×8 年 12 月发生交易和事项的原始凭证

业务 1

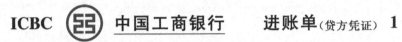

ICBC 中国工商银行　进账单（贷方凭证）　1

20×8年 12月 03日

出票人	全称	中原机电公司	收款人	全称	中原市嵩山电机厂
	账号	6873 0659 2352 2210 438		账号	6222 0202 0002 6808 184
	开户银行	建行农支		开户银行	工行中原隆兴支行

金额	千	百	十	万	千	百	十	元	角	分
人民币（大写）：叁拾贰万柒仟陆佰圆整		¥	3	2	7	6	0	0	0	0

票据种类	转账支票	票据张数	
票据号码			
备注：			复核：　记账：

中国工商银行中原分行隆兴支行 20×8.12.03 转讫

此联是收款人开户银行给收款人的回单或收账通知

业务 2-1

差旅费报销单

报销单位：人事处　　附件 12 张　　20×8年 12月 03日

出发 月	出发 日	出发 时	出发 地点	到达 月	到达 日	到达 时	到达 地点	交通费	住宿费	伙食补助	其他	合计
11	25		中原	11	25		上海	900	1 200	400		2 500
12	01		上海	12	01		中原	800				800
												3 300

原借款	金额	结余或超支金额	报销金额	人民币（大写）叁仟叁佰圆整
	4 000.00	700.00		

负责人：李林　　会计：刘霞　　出纳：赵红　　经手人：毛杰

业务 2-2

收　据

NO. 154

20×8年 12月 03日

今收到　人事科毛志交来预借差旅费结余款项

现金收讫

金额(大写)柒佰圆整　　　　￥700.00

收款单位　中原市嵩山电机厂 财务专用章　　会计主管　李林　　　收款人　赵红

第一联 存根

业务 3

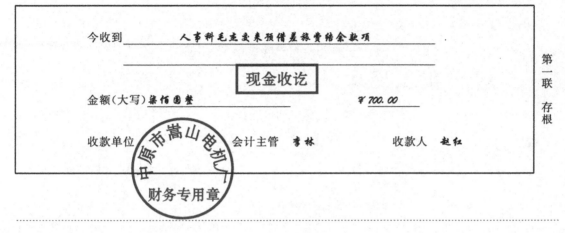

ICBC 委托收款凭证(回单或收账通知)1

第　号

特约

委托日期 20×8年 12月 03日

付款人	全称	南京重型机械公司	收款人	全称	中原市嵩山电机厂
	账号	1702 2086 1005 0032 869		账号	6222 0202 0002 6808 184
	开户银行	工行昆办		开户银行	工行中原隆兴支行
委收金额	人民币(大写)玖拾捌万圆整			千百十万千百十元角分	￥98000000
计费周期		协议(合同)号码			
款项内容	商业承兑汇票到期	收款人开户银行盖章 年 月 日		中国工商银行中原分行隆兴支行 20×8.12.03 转讫	

单位主管　李林　　　会计　刘霞　　　复核　　　记账

10×17,5 公分(白纸褐油墨)

此联是收款人开户银行给收款人的回单或收账通知

业务 4-1

固定资产调拨单

投出单位：广州五羊公司

投入单位：中原市嵩山电机厂　　20×8年12月4日　　调拨单号：00159

转移原因	联营投资				税金：	评估价值：480 000.00		
名称	型号	单位	数量	预计使用寿命	已使用年限	原值	已提折旧	净值
铣床	BW130	台	1	20	2	500 000	30 000	470 000
调出单位		广州五羊公司 财务专用章			调入单位		中原市红星商贸公司 91411010018028120003 发票专用章	
财务负责人：王　明 设备科科长：杨大伟					财务负责人：李　林 设备科科长：赵小亮			

业务 4-2

泰达评估事务所文件

中原〔20×8〕字第 613 号

资产评估报告

中原市嵩山电机厂：

我所受贵单位的委托，依据《中华人民共和国国有资产评估办法》《中华人民共和国注册会计师法》和《企业会计准则》等规定，对贵厂接受五羊公司投入的 BW130 铣床一台进行评估。其原始价值 500 000 元，已提折旧 30 000 元，固定资产按净值评估确定价值为 480 000 元。

评估员：李　莉

中国注册资产评估师：王立群

泰达评估事务所

20×8年11月23日

（印章：泰达评估事务所 业务专用章）

注：五羊公司投入该资产获得的股权份额为 400 000 元

业务 5-1

4100104972

河南增值税专用发票

全国统一发票监制章 国家税务总局 河南省税务局

№00478525

发票联

开票日期：20×8 年 12 月 04 日

购买方	名　　称：中原市嵩山电机厂 纳税人识别号：91410100410209457X 地址、电话：中原市平安区农业路 52 号、32345679 开户行及账号：工行中原隆兴支行 6222020200026808184			密码区	872149>*/-/</>3546*73-+ 11/12356107+34*+//-269*94>4 +45321523569>->>2/8>>4/> >>0>4+4532<2896*/>7821		
货物或应税劳务名称	规格型号	单位	数量	单价	金额	税率	税额
生铁		吨	100	3 480	348 000	16%	55 680
合　计		吨	100	3 480	¥ 348 000	16%	¥ 55 680
价税合计（大写）	肆拾万叁仟陆佰捌拾圆整				（小写）¥ 403 680.00		
销售方	名　　称：三门峡钢铁厂 纳税人识别号：914112006210016794 地址、电话：三门峡市解放路 2 号 开户行及账号：工行元丰支行 6222845137202356323			备注	识别码 75566 24621 43245 12369 （印章：三门峡钢铁厂 914112006210016794 发票专用章）		

收款人：张凯　　复核：李盛　　开票人：杨明　　销售方：（章）

国税函[20×8]523 号朔光印刷有限公司

第三联：发票联　购买方记账凭证

业务 5-2

ICBC 中国工商银行　　商业承兑汇票

出票日期 贰零×捌年拾贰月零贰日　　汇票号码 00354729

付款人	全称	中原市嵩山电机厂	收款人	全称	三门峡钢铁厂
	账号	6222 0202 0002 6808 184		账号	6222 8451 3720 2356 323
	汇出地点	河南省中原市		汇入地点	河南省三门峡市
金额	人民币 （大写）肆拾万叁仟陆佰捌拾圆整			千 百 十 万 千 百 十 元 角 分	¥ 4 0 3 6 8 0 0 0
汇票到期日（大写）	贰零×玖年零叁月零贰日		付款人开户行	行号	456231
交易合同号码	NO. 1234562			地址	工商银行隆兴支行
备注：					

（印章：中原市嵩山电机厂 财务专用章）

业务 6

中国建设银行兴通支行贷款利息凭证

20×8年12月04日

<table>
<tr><td rowspan="3">收款人</td><td>账号</td><td colspan="2">261</td><td rowspan="3">付款人</td><td>账号</td><td>6227002633200111411</td><td rowspan="4">付款凭证</td></tr>
<tr><td>户名</td><td colspan="2">营业收入</td><td>户名</td><td>中原市嵩山电机厂</td></tr>
<tr><td>开户银行</td><td colspan="2">建设银行兴通支行</td><td>开户银行</td><td>建设银行兴通支行</td></tr>
<tr><td colspan="2">积数：200 000 元</td><td>利率：8%</td><td colspan="3">利息：4 000.00 元</td></tr>
<tr><td colspan="4">客户第三季度利息
中国建设银行中原分行兴通支行
20×8.12.04
转讫</td><td colspan="3">科　目
对方科目
复核员：　　记账员：</td><td></td></tr>
</table>

业务 7-1

4100198130

河南增值税专用发票

国家税务总局

№00361291

此联不作报销、扣税凭证使用　　开票日期：20×8年12月04日

<table>
<tr><td>购买方</td><td colspan="4">名　　称：西青机电公司
纳税人识别号：914116227602285935
地 址 、电 话：西华市华山路132号
开户行及账号：工行上支 68730659</td><td>密码区</td><td colspan="3">360349＞*/－/＜/＞34268*79－
＋12/95894367＋34*＋//－578＋6
*36＞4＋9936170*9524＞－＞＞
2/1＞＞4/＞＞＞6</td></tr>
<tr><td colspan="2">货物或应税劳务名称</td><td>规格型号</td><td>单位</td><td>数量</td><td>单价</td><td>金额</td><td>税率</td><td>税额</td></tr>
<tr><td colspan="2">ZD 电机</td><td></td><td>台</td><td>10</td><td>45 000</td><td>450 000</td><td>16%</td><td>72 000</td></tr>
<tr><td colspan="2">BP 电机</td><td></td><td>台</td><td>5</td><td>60 000</td><td>300 000</td><td>16%</td><td>48 000</td></tr>
<tr><td colspan="2">合　计</td><td></td><td></td><td></td><td></td><td>¥750 000</td><td></td><td>¥120 000</td></tr>
<tr><td colspan="2">价税合计(大写)</td><td colspan="4">捌拾柒万圆整</td><td colspan="3">(小写)¥870 000.00</td></tr>
<tr><td>销售方</td><td colspan="4">名　　称：中原市嵩山电机厂
纳税人识别号：91410100410209457X
地 址 、电 话：中原市平安区农业路52号、32345679
开户行及账号：工行中原隆兴支行 6222020200026808184</td><td>备注</td><td colspan="3">识别码 83666 13521 40125 73869
中原市嵩山电机厂
9141010041029457X
发票专用章</td></tr>
</table>

收款人：赵红　　复核：李林　　开票人：李夏　　销售方：(章)

第一联：记账联　销售方记账凭证

国税函[20×8]523号朔光印刷有限公司

业务 7-2

ICBC 中国工商银行　　进账单(贷方凭证)　1

20×8年 12月 04日

出票人	全称	西青机电公司	收款人	全称	中原市嵩山电机厂
	账号	6873 0659 3221 5668 432		账号	6222 0202 0002 6808 184
	开户银行	建行农支		开户银行	工行中原隆兴支行

金额	千	百	十	万	千	百	十	元	角	分
人民币(大写)：捌拾柒万圆整		¥	8	7	0	0	0	0	0	0

票据种类	转账支票	票据张数	
票据号码			
备注：		复核：	记账：

中国工商银行中原分行隆兴支行
20×8.12.04
转讫

此联是收款人开户银行给收款人的回单或收账通知

业务 8-1

正面

ICBC 中国工商银行　　商业承兑汇票(收账通知)

出票日期(大写)贰零×捌年零玖月零伍日　　汇票号码 5786932

付款人	全称	大连机械有限公司	收款人	全称	中原市嵩山电机厂
	账号	1702 5497 8038 5003 463		账号	6222 0202 0002 6808 184
	汇出地点	辽宁省大连市		汇入地点	河南省中原市

金额	千	百	十	万	千	百	十	元	角	分
人民币(大写)零拾柒万叁仟零佰零拾零圆零角零分			¥	7	3	0	0	0	0	0

汇票到期日(大写)	贰零×玖年零壹月零伍日	付款人开户行	行号	
交易合同号码			地址	
备注：				

大连机器有限公司
财务专用章

此联由收款人留存

业务 8-2

背面

被背书人：安阳钢铁厂 同意将该票据转让给安阳钢铁厂 （中原市嵩山电机厂 20×8.12.05 财务专用章） 20×8.12.05 背书人：中原市嵩山电机厂	被背书人： 背书人：	被背书人： 背书人：

业务 9

4100182130　　**河南增值税专用发票**　　№00235690

（全国统一发票监制章 国家税务总局 河南省税务局）

发票联

开票日期：20×8年12月05日

税总函[20×8]413号朔光印刷有限公司

购买方	名　　称：中原市嵩山电机厂 纳税人识别号：91410100410209457X 地 址 、电 话：中原市平安区农业路52号、32345679 开户行及账号：工行中原隆兴支行 6222020200026808184	密码区	152149>*/-/</>3266*73-+ 13/12341107+34*+//-269*94>4 +45122323569>->>2/8>>4/> >>0>4+4262<4906/3901*62

货物或应税劳务名称	规格型号	单位	数量	单价	金额	税率	税额
打印纸		箱	1	400	400	16%	64
档案袋		个	200	2	400	16%	64
合　计					¥800		¥128
价税合计(大写)	玖佰贰拾捌圆整				(小写)¥928.00		

销售方	名　　称：中原市海蓝百货公司 纳税人识别号：91410100712902473 8 地 址 、电 话：中原市工人路3号 开户行及账号：工行中原工人路支行 6222813576623632 3	备注	识别码 75566 38121 12245 14569 （中原市海蓝百货公司 914101007129024738 发票专用章）

收款人：张帅　　复核：马凯　　开票人：晏非　　销售方：(章)

第三联：发票联　购买方记账凭证

业务 10

上海证券中央登记清算公司

941202	成交过户交割凭单		买
股东编号：	A126358	成交证券：	兰陵股份
电脑编号：	86232	成交数量：	15 000
公司编号：	631	成交价格：	11
申请编号：	351	成交金额：	165 000
申报时间：	9:20	标准佣金：	330
成交时间：	10:50	过户费用：	15
上交余额：		印花税：	
本次成交：	15 000(股)	应收金额：	
本次余额：	15 000(股)	附加费用：	
本次库存：		实付金额：	165 345

③通知联

（印章：中原市证券公司 财务专用章）

经办单位：________　客户签章：中原市嵩山电机厂　日期：20×8年 12月 05日

（注：购买持有股票的目的主要是用于近期交易）

业务 11-1

短期借款申请书

20×8年 12月 05日

企业名称	中原市嵩山电机厂	法人代表	孙建国	企业性质	国有
地　　址	平安区农业路 52 号	财务负责人	李林	联系电话	32345679
经营范围	生产各种电机	主管部门	机械公司		
借款期限	自 20×8年 12月 04日至 20×9年 07月 04日			申请金额	300 000元
主要用途及效益说明： 本厂近年来，生产情况很好，产品销售情况有所好转，但由于回收货款较困难，特申请短期贷款。					
申请单位财务章：（印章：中原市嵩山电机厂 财务专用章） 财务部门 负责人：李林　经办人：刘霞			信贷员意见：（印章：中国建设银行中原分行 业务专用章） 行主管 领　导：李渊　信贷部门 负责人：张皓		

业务 11-2

贷款凭证(3)(收账通知)

总字第 8010 号	
字第 120 号	

20×8年 12月 05日

贷款单位名称	中原市嵩山电机厂	种类	流动资金贷款	贷款户账号	44326931									
金额	人民币(大写):叁拾万圆整				千	百	十	万	千	百	十	元	角	分
						¥	3	0	0	0	0	0	0	0
用途	生产周转	单位申请期限	自 20×8年 12月 04日至 20×9年 07月 04日	利率	6%									
		银行核定期限	自 20×8年 12月 05日至 20×9年 07月 04日											
上列贷款已核准发放流动资金贷款并已转收你单位 兴通支行 账户 银行签章　　20×8年 12月 05日				单位会计分录 借方______ 贷方______ 复核:　　记账: 主管:　　会计:										

业务 12-1

中国建设银行 China Construction Bank

进账单(回单)　　1

20×8年 12月 06日

出票人	全称	海通证券公司	收款人	全称	中原市嵩山电机厂										
	账号	6227 0026 4821 6673		账号	6227 0026 3320 0111 411										
	开户银行	建设银行东风办事处		开户银行	建设银行兴通支行										
金额	人民币(大写):壹佰贰拾万圆整					千	百	十	万	千	百	十	元	角	分
						¥	1	2	0	0	0	0	0	0	0
票据种类	转账支票	票据张数	1												
票据号码															
备注:				复核:王辉　　记账:谢凯											

中国建设银行中原分行兴通支行
20×8.12.06
转讫

此联是收款人开户银行给收款人的回单或收账通知

业务 12-2

债券发行申请书

企业名称 中原市嵩山电机厂

地　　址 中原市平安区农业路 52 号

电　　话 32345679

债券种类 流动资金

<table>
<tr><td>企业申请发行债券理由</td><td colspan="3">补充流动资金
申请单位(盖章)
财务负责人:李林　　法定代表:孙建国　　20×8 年 10 月 20 日</td></tr>
<tr><td>企业主管部门意见</td><td>(盖章)
年　月　日</td><td>省市计经委审查意见</td><td>(盖章)
年　月　日</td></tr>
<tr><td>开户银行审核意见</td><td colspan="3">开户银行章
经办人:吴明　(章)　　负责人:张新亮　　20×8 年 11 月 02 日</td></tr>
<tr><td>人民银行审批意见</td><td colspan="3">经审核同意你单位(公开)发行企业债券 120 万元面值 100 万元,用于企业(流动)资金需要,期限两年,利率 8%,发行时间为 20×8 年 11 月 05 日起至 20×8 年 12 月 05 日止,发行债券所得资金必须存入开户行,本债券到期还本,按(利随本清)方式付息,本债券发行中不得强行摊派,集资款不得挪作他用。
经办人:刘伟东　　行长:王克明　　20×8 年 12 月 06 日</td></tr>
</table>

业务 13-1

4100132582　　**河南增值税专用发票**　　№00346127

发票联

开票日期：20×8年 12月 06日

购买方	名称：中原市嵩山电机厂 纳税人识别号：91410100410209457X 地址、电话：中原市平安区农业路 52 号、32345679 开户行及账号：工行中原隆兴支行 6222020200026808184					密码区	456249>*/-/</>1266*58-+11/13422207+34*+//-568*94>4+65879423219>->>2/7>>3/>>>52	
货物或应税劳务名称	规格型号	单位	数量	单价	金额	税率	税额	
硅钢		吨	25	8 000	200 000	16%	32 000	
合计		吨	25	8 000	¥200 000		¥32 000	
价税合计(大写)	贰拾叁万贰仟圆整				(小写)¥232 000.00			
销售方	名称：京南钢铁集团 纳税人识别号：91130601376928175l 地址、电话：京南市人民路 15 号 开户行及账号：工行京南仁和支行 6225374237666656121					备注	识别码 73326 24533 41565 14222	

收款人：吴欣　　复核：杨飞　　开票人：李铭　　销售方：(章)

第三联：发票联　购买方记账凭证

税总函[20×8]523 号湖光印刷有限公司

业务 13-2

4100132576　　**河南增值税专用发票**　　№00436119

发票联

开票日期：20×8年 12月 06日

购买方	名称：中原市嵩山电机厂 纳税人识别号：91410100410209457X 地址、电话：中原市平安区农业路 52 号、32345679 开户行及账号：工行中原隆兴支行 6222020200026808184					密码区	678249>*/-/</>1436*58-+11/65422207+34*+//-567*94>4+46879427788>->>2/7>>3/>>>38	
货物或应税劳务名称	规格型号	单位	数量	单价	金额	税率	税额	
运输费		公里	500	18.6	9 300	10%	930	
合计					¥9 300	10%	¥930	
价税合计(大写)	壹万零贰佰叁拾圆整				(小写)¥10 230.00			
销售方	名称：四方物流公司 纳税人识别号：912202036769281275 地址、电话：四方市人民路 15 号 开户行及账号：工行四方仁和支行 6225374237666656121					备注	识别码 73156 24542 41335 15122	

收款人：杨乐　　复核：杨明　　开票人：王宇　　销售方：(章)

第三联：发票联　购买方记账凭证

税总函[20×8]567 号湖光印刷有限公司

业务 14

4100103242　　**河南增值税专用发票**　　№00361227

发　票　联

开票日期：20×8年12月06日

购买方	名　称：中原市嵩山电机厂 纳税人识别号：91410100410209457X 地址、电话：中原市平安区农业路52号、32345679 开户行及账号：工行中原隆兴支行 6222020200026808184			密码区	960549>*/-/</>87232>675*73 -+11/95895107+34*+521>//- 275+6*94>4+6310052<409*4259 >->>2/4>>4/>>>067		
货物或应税劳务名称	规格型号	单位	数量	单价	金额	税率	税额
起重机	ZZJ-1	台	1	500 000	500 000	16%	80 000
合　计					¥500 000		¥80 000
价税合计(大写)	伍拾捌万圆整				(小写)¥580 000.00		
销售方	名　称：洛阳重型机械厂 纳税人识别号：91410302742545911W 地址、电话：洛阳市大华路27号 开户行及账号：工行洛阳涧河支行 6019801756200218668			备注	识别码 83666 13521 40125 73869		

收款人：史进　　复核：张华　　开票人：王晓丹　　销售方：(章)

税总函[20×8]523号湖光印刷有限公司

第三联：发票联　购买方记账凭证

(注：该设备需要安装)

业务 15

ICBC　中国工商银行　**贴现凭证**(收账通知)

填写日期 20×8年12月07日

申请人	全称	中原市嵩山电机厂	贴现汇票	种类	商业承兑汇票
	账号	6222020200026808184		出票日	20×8年10月10日
	汇出地点	省市/县		到期日	20×9年3月10日
汇票承兑人		北方机电公司	账号	82156	开户银行：和平路办事处

		千	百	十	万	千	百	十	元	角	分
金额	人民币(大写) 壹拾伍万捌仟肆佰圆整		¥	1	5	8	4	0	0	0	0

年贴现率	贴现利息	千	百	十	万	千	百	十	元	角	分	实付贴现金额	千	百	十	万	千	百	十	元	角	分
8.3%				¥	1	3	1	4	7	2	0			¥	1	4	5	2	5	2	8	0

上述款项已入你单位账户

银行盖章

20×8年12月07日

中国工商银行中原分行隆兴支行 20×8.12.07 转讫

注：该票据不带追索权

业务 16-1

中国工商银行转账支票存根

支票号码：№03472131

附加信息＿＿＿＿＿＿＿＿＿＿＿＿

出票日期：20×8年12月07日

收款人：中原市红星商贸公司
金额：¥5 800.00
用途：购买劳保用品

单位主管：李林　　会计：刘霞

业务 16-2

4100103235　　**河南增值税专用发票**　　№00342926

发票联

校验码 83666 13521 40125 73869　　开票日期：20×8年12月07日

购买方	名称：中原市嵩山电机厂 纳税人识别号：91410100410209457X 地址、电话：中原市平安区农业路52号、32345679 开户行及账号：工行中原隆兴 6222020200026808184			密码区	377149＞＊/－/＜/＞3211＊73－ ＋11/1458927＋34＊＋//－237＊ 94＞4＋88877213489＞－＞＞2/8 ＞＞4/＞＞＞12		
货物或应税劳务名称	规格型号	单位	数量	单价	金额	税率	税额
劳保用品		套	50	100	5 000	16%	800
合计		套	50	100	¥5 000		¥800
价税合计（大写）	伍仟捌佰圆整				（小写）¥5 800.00		
销售方	名称：中原市红星商贸公司 纳税人识别号：914101001802812003 地址、电话：中原市幸福路3号 开户行及账号：工行中原航海支行 3220418137622026125			备注	识别码 65566 25551 56875 42469 中原市红星商贸公司 914101001802812003 发票专用章		

收款人：胡明　　复核：杨鑫　　开票人：李明杰　　销售方：（章）

税总函[20×8]523号潮光印刷有限公司

第三联：发票联　购买方记账凭证

业务 17-1

中国工商银行转账支票存根
支票号码：№03472146
附加信息＿＿＿＿＿＿＿＿

出票日期：20×8年12月07日

收款人：企业全体职工
金额：
用途：支付职工工资

单位主管：李林　　会计：刘霞

业务 17-2

中国工商银行转账支票存根
支票号码：№03472147
附加信息＿＿＿＿＿＿＿＿

出票日期：20×8年12月07日

收款人：中原市社保中心
金额：
用途：缴纳职工社会保险费

单位主管：李林　　会计：刘霞

业务 17-3

中国工商银行转账支票存根
支票号码：№03472148
附加信息＿＿＿＿＿＿＿＿

出票日期：20×8年12月07日

收款人：中原市住房公积金管理中心
金额：
用途：缴纳职工住房公积金

单位主管：李林　　会计：刘霞

业务 18-1

ICBC 中国工商银行 电汇凭证

币别：人民币 20×8年12月07日 №

流水号：36731

汇款方式	■ 普通 □ 加急				
汇款人	全称	中原市嵩山电机厂	收款人	全称	洛阳重型机械厂
	账号	6222020200026808184		账号	6019801756200218668
	汇出行名称	工商银行中原隆兴支行		汇入行名称	工商银行洛阳瀍河支行
金额	(大写) 伍仟伍佰圆整			千百十万千百十元角分	￥550000
中国工商银行中原分行隆兴支行 20×8.12.07 转讫			支付密码：		
			附加信息及用途：		
			客户签章		

会计主管 授权 复核 录入

第二联 客户回单

业务 18-2

4100103242 河南增值税专用发票 №00361309

全国统一发票监制章 国家税务总局 河南省税务局 发票联

开票日期：20×8年12月07日

购买方	名称：中原市嵩山电机厂 纳税人识别号：91410100410209457X 地址、电话：中原市平安区农业路52号、32345679 开户行及账号：工行中原隆兴支行 6222020200026808184			密码区	960549>*/-/</>87232*73-+11/95895107+34*+//-275+6*94>4+6310052*4259>->>2/4>>4/>>>0		
货物或应税劳务名称	规格型号	单位	数量	单价	金额	税率	税额
安装费		台	1	5 000	5 000	10%	500
合计					￥5 000		￥500
价税合计(大写)	伍仟伍佰圆整				(小写)￥5 500.00		
销售方	名称：洛阳重型机械厂 纳税人识别号：91410302742545911W 地址、电话：洛阳市大华路27号 开户行及账号：工行洛阳瀍河支行 6019801756200218668			备注	识别码 83666 13521 40125 73869 洛阳重型机械厂 91410302742545911W 发票专用章		

收款人：史进 复核：张华 开票人：王晓丹 销售方：(章)

税总函[20×8]523号朔光印刷有限公司

第三联：发票联 购买方记账凭证

业务 19-1

中华人民共和国
税收缴款书

隶属关系：

经济类型：　　　　填发日期：20×8年12月07日　　　　征收机关：中原市税务局

缴款单位(人)			预算科目		
	代码	91410100410209457X		编码	
	全称	中原市嵩山电机厂		名称	
	开户银行	工行中原隆兴支行		级次	市级
	账号	6222020200026808184	收款国库		
税款所属时期：20×8年11月1日至11月30日			税款限缴日期：20×8年12月15日		

品目名称	课税数量	计税金额或销售收入	税率或单位税额	已缴或扣除额	实缴金额 亿	仟	佰	拾	万	仟	佰	拾	元	角	分
增值税			16%					4	0	4	0	0	0	0	0
金额合计	(大写)肆拾万零肆仟圆整						¥	4	0	4	0	0	0	0	0

缴款单位(人)(盖章) 经办人(章)	税务机关(盖章) 填票人(章)	上列款项已收妥并划转收款单位账户 国库(银行)盖章　年　月　日	备注：
中原市嵩山电机厂 财务专用章	中原市税务局 业务专用章	中国工商银行中原分行隆兴支行 20×8.12.07 转讫	

无银行收讫章无效

业务 19-2

中华人民共和国
城市维护建设税　专用税收缴款书

隶属关系：　　　　　　　　　　　　　　　　　　　　　　№ 00043125

注册类型：　　　填发日期：20×8年12月07日　　　征收机关：中原市税务局________所

缴款单位（人）	代　码	91410100410209457X	电话	
	全　称	中原市嵩山电机厂	预算科目 编码	
	开户银行	工行中原隆兴支行	预算科目 名称	
	账　号	6222020200026808184	预算科目 级次	市级
			收款国库	
税款所属时期	20×8年11月1日至11月30日		税款限缴日期	20×8年12月15日

品目名称	课税数量	计税金额或销售收入	税率或单位税额	已缴或扣除额	实缴税额 亿	千	百	十	万	千	百	十	元	角	分
		404 000	7%						2	8	2	8	0	0	0
金额合计（大写）零仟零佰零拾贰万捌仟贰佰捌拾零元零角零分								¥	2	8	2	8	0	0	0

缴款单位（人）（盖章）经办人（章）［印章：中原市嵩山电机厂 财务专用章］	（套印市税务机关"征税专用章"）（盖章）［印章：中原市税务局 业务专用章］	上列款项已收妥并划转收款单位账户 国库（银行）盖章　年　月　日［印章：中国工商银行中原分行隆兴支行 20×8.12.07 转讫］	备注：

（无银行收讫章无效）　　　　　　逾期不缴按税法规定加收滞纳金

业务 19-3

中华人民共和国
教育费附加　专用税收缴款书

隶属关系：　　　　　　　　　　　　　　　　　　　　　　　　　　　　№ 00039723

注册类型：　　　　填发日期：20×8年12月07日　　　　征收机关：中原市地方税务局________所

缴款单位(人)	代　码	91410100410209457X	电话	预算科目	编码	
	全　称	中原市嵩山电机厂			名称	
	开户银行	工行中原隆兴支行			级次	市级
	账　号	6222020200026808184		收款国库		
税款所属时期	20×8年11月1日至11月30日			税款限缴日期	20×8年12月15日	

品目名称	课税数量	计税金额或销售收入	税率或单位税额	已缴或扣除额	亿	千	百	十	万	千	百	十	元	角	分
					实缴税额										
教育费附加		404 000	3%						1	2	1	2	0	0	0
地方教育费附加			2%							8	0	8	0	0	0
金额合计(大写)零仟零佰零拾贰万零仟贰佰零拾零元零角零分								¥	2	0	2	0	0	0	0

缴款单位(人) (盖章) 经办人(章) 中原市嵩山电机厂 财务专用章	(套印地方税务机关"征税专用章") (盖章) 中原市地方税务局 业务专用章	上列款项已收妥并划转收款单位账户 国库(银行)盖章　年　月　日 中国工商银行中原分行隆兴支行 20×8.12.07 转讫	备注：

（无银行收讫章无效）　　　　　　　　逾期不缴按税法规定加收滞纳金

业务 20-1

4100103231　　**河南增值税专用发票**　　№00342129

（印章：全国统一发票监制章　国家税务总局　河南省税务局）发票联

开票日期：20×8年12月10日

税总函[20×8]523号溯光印刷有限公司

购买方		密码区
名　　称：中原市嵩山电机厂		675649>*/—/</>2266*73—
纳税人识别号：91410100410209457X		+31/6543217+34*+//—459*
地 址 、电 话：中原市平安区农业路52号、32345679		38>4+33326523478>—>>6/8
开户行及账号：工行中原隆兴支行 6222020200026808184		>>9/>>>22>675>>801

货物或应税劳务名称	规格型号	单位	数量	单价	金额	税率	税额
焦炭		吨	30	1 500	45 000	16%	7 200
合　　计		吨	30	1 500	¥45 000		¥7 200
价税合计(大写)	伍万贰仟贰佰圆整					(小写)¥52 200.00	

销售方	备注
名　　称：永城煤业集团	识别码 87966 43551 42365 56456
纳税人识别号：914114812881212564	（印章：永城煤业集团　914114812881212564　发票专用章）
地 址 、电 话：永城市永平路33号	
开户行及账号：工行永城永平支行 312045556210111432	

收款人：杨丽　　复核：赵新　　开票人：李杰　　销售方：(章)

第三联：发票联　购买方记账凭证

业务 20-2

4100103259　　**河南增值税专用发票**　　№00228349

（印章：全国统一发票监制章　国家税务总局　河南省税务局）发票联

开票日期：20×8年12月10日

税总函[20×8]523号溯光印刷有限公司

购买方		密码区
名　　称：中原市嵩山电机厂		332249>*/—/</>1256*35—
纳税人识别号：31410100410209457X		+11/64599207+34*+//—567*
地 址 、电 话：中原市平安区农业路52号、32345679		94>4+46543217788>—>>2/7
开户行及账号：工行中原隆兴支行 6222020200026808184		>>3/>>>77

货物或应税劳务名称	规格型号	单位	数量	单价	金额	税率	税额
运输费		公里	200	13.95	2 790	10%	279
合　　计					¥2 790	10%	279
价税合计(大写)	叁仟零陆拾玖圆整					(小写)¥3 069.00	

销售方	备注
名　　称：讯捷物流公司	识别码 93966 34561 42365 57722
纳税人识别号：914114813742881212	（印章：讯捷物流公司　914114813742881212　发票专用章）
地 址 、电 话：永城市永平路43号	
开户行及账号：工行永城永平支行 312045556210111432	

收款人：张萌　　复核：李晓　　开票人：王锋　　销售方：(章)

第三联：发票联　购买方记账凭证

业务 20-3

ICBC 中国工商银行　　**电汇凭证**

No：

币别：人民币　　20×8年12月10日　　流水号：36854

汇款方式	■ 普通　□ 加急				
汇款人	全称	永城煤业集团	收款人	全称	中原市嵩山电机厂
	账号	3120455562101111432		账号	6222020200026808184
	汇出行名称	工行永城永平支行		汇入行名称	工行中原隆兴支行
金额	（大写）肆仟柒佰叁拾壹圆整				¥473100（千百十万千百十元角分）
中国工商银行中原分行隆兴支行 20×8.12.10 转讫			支付密码：		
			附加信息及用途：采购剩余款		
			客户签章		

会计主管　　授权　　复核　　录入

业务 21

贷款还款凭证

20×8年12月10日

借款单位名称	中原市嵩山电机厂	贷款账号	86427	结算账号	44326931
还款金额（大写）	陆拾万圆整		¥60000000（千百十万千百十元角分）		
贷款种类	短期借款	借出日期	20×7年12月10日	原约定还款日期	20×8年12月10日
上列款项请由本单位44326931账户内偿还到期贷款。此致 （中原市嵩山电机厂 财务专用章） 借款单位盖章	会计分录： 借： 贷： 复核员：　记账员： （中国工商银行中原分行隆兴支行 20×8.12.10 转讫）				

偿还贷款收据

业务 22-1

4100198130　　**河南增值税专用发票**　　№00361292

此联不作报销、扣税凭证使用　　开票日期：20×8年12月10日

购买方	名　　称：长沙机电公司 纳税人识别号：914301008625027602 地 址 、电 话：长沙市富民路78号 开户行及账号：建行长沙富民支行 8212100500028	密码区	790649＞*/－/＜/＞33242*73－ ＋12/13465107＋34*＋//－178＋ 6*94＞4＋5437052*8972＞－＞ ＞2/1＞＞4/＞＞＞7

货物或应税劳务名称	规格型号	单位	数量	单价	金额	税率	税　额
ZD电机		台	5	45 000	225 000	16%	36 000
BP电机		台	10	60 000	600 000	16%	96 000
合　计					¥825 000		¥132 000
价税合计(大写)	玖拾伍万柒仟圆整				(小写)¥957 000.00		

销售方	名　　称：中原市嵩山电机厂 纳税人识别号：91410100410209457X 地 址 、电 话：中原市平安区农业路52号、32345679 开户行及账号：工行中原隆兴支行 6222020200026808184	备注	识别码 83666 13521 40125 73923 中原市嵩山电机厂 91410100410209457X 发票专用章

收款人：赵红　　复核：李林　　开票人：李夏　　销售方：(章)

税总函[20×8]523号潮光印刷有限公司

第一联：记账联　销售方记账凭证

业务 22-2

中国工商银行转账支票存根

支票号码：№03475175

附加信息＿＿＿＿＿＿＿＿＿＿

出票日期：20×8年12月10日

收款人：	中原铁路分局
金额：	伍仟元整
用途：	代长沙机电公司支付运费

单位主管：李林　　会计：刘霞

业务 23-1

41011069823

河南增值税专用发票

国家税务总局 发票联 河南省税务局

№00074813

开票日期：20×8年 12月 10日

税总函[20×8]523号潮光印刷有限公司

购买方	名称：中原市嵩山电机厂 纳税人识别号：91410100410209457X 地址、电话：中原市平安区农业路52号、32345679 开户行及账号：工行中原隆兴支行 6222020200026808184			密码区	684749>*/－/</>87232*73－ ＋11/47825107＋34*＋//－695＋ 6*94>4＋6310052*4269>－> >2/4>>4/>>>0		
货物或应税劳务名称	规格型号	单位	数量	单价	金额	税率	税额
车床	C1-597	台	1	200 000	200 000	16%	32 000
合计					¥200 000		¥32 000
价税合计（大写）	贰拾叁万贰仟圆整				（小写）¥232 000.00		
销售方	名称：中原市机械厂 纳税人识别号：914101006525459113 地址、电话：中原市复兴路27号 开户行及账号：工行中原淮河支行 6224801792630218679			备注	识别码 68687 13221 59125 46812 中原市机械厂 914101006525459113 发票专用章		

第三联：发票联 购买方记账凭证

收款人：边晓红　　复核：李静　　开票人：蔡芳菲　　销售方：（章）

（注：假设该机床不需要安装）

业务 23-2

中国工商银行转账支票存根

支票号码：№02775726

附加信息________________

____

____

出票日期：20×8年 12月 10日

收款人： 金额： 用途：

单位主管：李林　　会计：刘霞

业务 24

41011037625　　**河南增值税专用发票**　　№00234154

发票联

开票日期：20×8年12月10日

税总函[20×8]523号湖光印刷有限公司

购买方	名　　称：中原市嵩山电机厂 纳税人识别号：91410100410209457X 地址、电话：中原市平安区农业路52号、32345679 开户行及账号：工行中原隆兴支行 6222020200026808184				密码区	382549>*/−/</>81234*73− +11/47123457+34*+//−626+ 6*94>4+6111112*3529>−> >1/4>>4/>>>475	
货物或应税劳务名称	规格型号	单位	数量	单价	金额	税率	税额
风扇		台	30	100	3 000	16%	480
合　计					¥3 000		¥480
价税合计(大写)	叁仟肆佰捌拾圆整					(小写)¥3 480.00	
销售方	名　　称：中原宏发商贸公司 纳税人识别号：91410100256188212 地址、电话：中原市康乐路121号 开户行及账号：工行中原康乐支行 6200453262101221122				备注	识别码 68687 13221 59125 46812 中原宏发商贸公司 91410100256188212 发票专用章	

收款人：王海燕　　复核：罗欣明　　开票人：谢飞　　销售方：(章)

第三联：发票联　购买方记账凭证

业务 25-1

收　据

20×8年12月11日　　NO. 162

今收到　机加工车间吴清华交来违章操作罚款

现金收讫

金额(大写)伍佰圆整　　¥500.00

收款单位：　　会计主管：李林　　收款人：赵红

中原市嵩山电机厂 财务专用章

第一联　存根

业务 25-2

罚款通知单

财务部：

机加工车间工人吴清华因违章操作，经总经理办公会决定，对其罚款 500 元。

中原市嵩山电机厂

总经理办公室

总经理办公室

20×8 年 12 月 11 日

业务 26

破产文书

中原市西青区人民法院公告

(20×8)青破字第 12 号

本院受理债权人中原市嵩山电机厂申请的中原市机床经销公司破产清算一案，经中原市机床经销公司破产管理人清算，破产人中原市机床经销公司可提供分配的财产为人民币 528 750.45元，破产费用为人民币 553 352.39 元，现有破产财产不足以支付破产费用，本院根据中原市机床经销公司破产管理人的申请，于 20×8 年 11 月 28 日依法裁定终结中原市机床经销公司破产程序。破产程序终结后，未得到清偿的债权不再清偿。

中原市西青区人民法院

中原市西青区人民法院

公告日期：20×8 年 12 月 11 日

业务 27-1

河南增值税专用发票

41011037662　　　　发票联　　　　№00564321

开票日期：20×8年12月11日

购买方	名　称：中原市嵩山电机厂 纳税人识别号：91410100410209457X 地址、电话：中原市平安区农业路52号、32345679 开户行及账号：工行中原隆兴之行 6222020200026808184			密码区	457269>*/-/</>25634*73-+ 35/47123123+34*+//-626+6*94 >4+61224525829>->>8/4>>4/ >>>563		
货物或应税劳务名称	规格型号	单位	数量	单价	金额	税率	税额
轴承		套	100	750	75 000	16%	12 000
合　计		套	100	750	￥75 000		￥12 000
价税合计（大写）	捌万柒仟圆整				（小写）￥87 000.00		
销售方	名　称：洛阳市第一轴承厂 纳税人识别号：914103020621042022 地址、电话：洛阳市新通路42号 开户行及账号：工行洛阳新通支行 6122342137202456385			备注	识别码 64566 21231 43245 45729 （洛阳市第一轴承厂 914103020621042022 发票专用章）		

收款人：李政　　复核：马兰　　开票人：王涛　　销售方：（章）

税总函[20×8]523号溯光印刷有限公司

第三联：发票联　购买方记账凭证

业务 27-2

ICBC 中国工商银行　商业承兑汇票

出票日期（大写）贰零×捌年拾贰月零壹拾壹日　　汇票号码 00354821

付款人	全称	中原市嵩山电机厂	收款人	全称	洛阳市第一轴承厂
	账号	6222020200026808184		账号	6122342137202456385
	汇出地点	河南省中原市		汇入地点	河南省洛阳市

		千	百	十	万	千	百	十	元	角	分
金额	人民币（大写）捌万柒仟圆整			￥	8	7	0	0	0	0	0

汇票到期日（大写）	贰零×玖年零叁月壹拾壹日	付款人开户行	行号	456231
交易合同号码	NO.1462640		地址	工行中原隆兴支行
备注：（中原市嵩山电机厂 财务专用章）				

业务 28-1

投资银行有价证券代保管单

20×8年12月11日　　　　№034785

<table>
<tr><td>申请保管人</td><td>中原市嵩山电机厂</td><td>单位及电话</td><td colspan="8">32345679</td><td colspan="3">保管明细表</td></tr>
<tr><td rowspan="2">面值总额</td><td rowspan="2" colspan="2">(大写)：陆拾万元整</td><td>十</td><td>万</td><td>千</td><td>百</td><td>十</td><td>元</td><td>角</td><td>分</td><td rowspan="2">名称</td><td rowspan="2">张数</td><td rowspan="2">面值</td></tr>
<tr><td>6</td><td>0</td><td>0</td><td>0</td><td>0</td><td>0</td><td>0</td><td>0</td></tr>
<tr><td>保管期限</td><td colspan="10">自20×8年12月11日至债券到期日止</td><td>中原市房屋开发总公司债券</td><td>20 000</td><td>30</td></tr>
<tr><td>保管费率‰</td><td colspan="2"></td><td colspan="4">保管费</td><td colspan="4"></td><td></td><td></td><td></td></tr>
<tr><td colspan="5">备注
1. 一年为一个保管期，不足一年按一年收费，逾期不足一年逾期时间按一年算。
2. 本保管单不得流通、抵押、转让。
3. “名称”栏内应注意何种债券及具体发债单位。
4. 提取证券时凭身份证办理。</td><td colspan="6">委托单位
（盖章）
经办员：
复核员：
投资银行中原市分行
业务专用章</td><td></td><td></td><td></td></tr>
</table>

④领取保管券凭证

（该债券划分为以摊余成本计量的金融资产）

业务 28-2

中国工商银行转账支票存根

支票号码：№02537464

附加信息__________________

出票日期：20×8年12月11日

收款人：
金额：￥660 000.00
用途：购买债券

单位主管：李林　　会计：刘霞

业务 29-1

41011037542　　**河南增值税专用发票**　　№00346925

发票联

开票日期：20×8年12月11日

购买方	名　称：中原市嵩山电机厂 纳税人识别号：91410100410209457X 地址、电话：中原市平安区农业路52号、32345679 开户行及账号：工行中原隆兴支行 6222080200026808184			密码区	334469＞＊/－/＜/＞12694＊25－＋69/42356823＋69＊＋//－576＋6＊94＞4＋58796225694＞－＞＞9/4＞＞4/＞＞＞258		
货物或应税劳务名称	规格型号	单位	数量	单价	金额	税率	税额
润滑油		千克	100	8	800	16%	128
油漆		千克	200	3	600	16%	96
合　计					￥1 400		￥224
价税合计（大写）	壹仟陆佰贰拾肆圆整				（小写）￥1 624.00		
销售方	名　称：中原市物资经贸公司 纳税人识别号：91410100304128120б 地址、电话：中原市民风路12号 开户行及账号：工行中原航海支行 3252456112822386685			备注	识别码 52520 23751 44555 42429		

收款人：刘洋　　复核：许枫　　开票人：王明　　销售方：（章）

税总函[20×8]523号朔光印刷有限公司

第三联：发票联　购买方记账凭证

业务 29-2

中国工商银行转账支票存根

支票号码：№03472131

附加信息__________________

出票日期：20×8年12月11日

收款人：中原市物资经贸公司
金额：￥1 624.00
用途：购买润滑油和油漆

单位主管：李林　　会计：刘霞

业务 30-1

Tax invoice

AUDI ALPHA RETAILER
Business number 1234 567 89
Ph：+49 0716 1234567
sales@audialpha. com

INVOICE #	20×81008
DATE	12. 12. 20×8
CONTRACT NO.	20×8－10－26－002
L/C NO.	1056782212

TO：ZHONGYUAN SONGSHAN ELECTRIC MACHINERY MANUFACTURING FACTORY
No. 84 SONGSHAN ROAD
ZHONGYUAN，CHINA
450 000

SHIPPING DETAILS：

FROM	HAMBURG，GERMANY
TO	ZHONGYUAN，CHINA

ITEM #	COMMODITY DESCRIPTION	QUANTITY	UNIT PRICE	AMOUNT
826033602	AUDI A8L45 TFSI quattro	1	US$93,233	US$93,000
			TOTAL AMOUNT PAYABLE	US$93,000

PAYMENT TERM：30 DAYS　　THANK YOU FOR YOUR BUSINESS!

BANK DETAILS

BANK NAME	COMMERZBANK
BANK ACCOUNT	AUDI ALPHA RETAILER
BANK ACCOUNT NO	785－624 112456238

注：当日美元卖出价 1USD＝6. 8476RMB；当日美元中间价 1USD＝6. 8217RMB

业务 30-2

GS01

海关进口关税专用缴款书

收入系统：海关系统　　填发日期：20×8年 12月 12日　　号码：16062012106157466—A01

收款单位	收入机关	中央金库		缴款单位（人）	名称	中原市嵩山电机厂
	科目	进口关税	预算级次		账号	6222020200026808184
	收缴国库	国库中原中心支库			开户银行	工行中原隆兴支行

税号	货物名称	数量	单位	完税价格(¥)	税率(%)	税款金额(¥)
2204213200	奥迪 A8L45 TFSI quattro	1	辆	634 418.10	25	158 604.53
金额人民币（大写）拾伍万捌仟陆佰零肆圆伍角叁分					合计(¥)	¥158 604.53

申请单位编号	110120889	报关单编号	1606201210615746	填制单位	收缴国库(银行)
合同(批文)号	20×8-10-26-002	运输工具(号)	Ocean Vessel Vos	制单人：430276	
缴款期限	20×8年12月27日前	提/装货单号	826033602		
备注：				复核人：	

第一联：（收据）国库收款签章后交缴款单位或缴纳人

（印章：中国工商银行中原分行隆兴支行 20×8.12.12 转讫；中原市嵩山电机厂 财务专用章）

从填发缴款书之日起限 15 日内缴纳（期末遇法定节假日顺延），逾期按日征收税款总额万分之五的滞纳金

业务 30-3

GS01

海关进口增值税专用缴款书

收入系统:税务系统　　填发日期:20×8年12月12日　　号码:16062012106157466—L02

收款单位	收入机关	中央金库		缴款单位(人)	名称	中原市嵩山电机厂
	科目	进口增值税	预算级次		账号	6222020200026808184
	收缴国库	国库中原中心支库			开户银行	工行中原隆兴支行

税号	货物名称	数量	单位	完税价格(¥)	税率(%)	税款金额(¥)
2204213200	奥迪 A8L45 TFSI quattro	1	辆	901 162.08	16	144 185.93
金额人民币(大写)拾肆万肆仟壹佰捌拾伍圆玖角叁分					合计(¥)	¥144 185.93

申请单位编号	110120889	报关单编号	1606201210615746	填制单位	收缴国库(银行)
合同(批文)号	20×8-10-26-002	运输工具(号)	Ocean Vessel Vos	制单人:430276	
缴款期限	20×8年12月27日前	提/装货单号	826033602		
备注:				复核人:	

印章:中国工商银行中原分行隆兴支行 20×8.12.12 转讫

印章:中原市嵩山电机厂 财务专用章

第二联:(收据)国库收款签章后交缴款单位或缴纳人

从填发缴款书之日起限15日内缴纳(期末遇法定节假日顺延),逾期按日征收税款总额万分之五的滞纳金

业务 30-4

GS01

海关进口消费税专用缴款书

收入系统：税务系统　　　　填发日期：20×8年12月12日　　号码：16062012106157466—Y03

收款单位	收入机关	中央金库		缴款单位（人）	名称	中原市嵩山电机厂
	科目	进口消费税	预算级次		账号	6222020200026808184
	收缴国库	国库中原中心支库			开户银行	中国工商银行中原分行隆兴支行

税号	货物名称	数量	单位	完税价格（¥）	税率（%）	税款金额（¥）
2204213200	奥迪 A8L45 TFSI quattro	1	辆	901 162.08	12	108 139.45
金额人民币（大写）拾万零捌仟壹佰叁拾玖圆肆角伍分					合计（¥）	¥108 139.45

申请单位编号	110120889	报关单编号	1606201210615746	填制单位	收缴国库（银行）
合同（批文）号	20×8-10-26-002	运输工具（号）	Ocean Vessel Vos	制单人：430276	
缴款期限	20×8年12月27日前	提/装货单号	826033602	复核人：	
备注：					

（印章：中国工商银行中原分行隆兴支行 20×8.12.12 转讫）

（印章：中原市嵩山电机厂 财务专用章）

第三联：（收据）国库收款签章后交缴款单位或缴纳人

从填发缴款书之日起限15日内缴纳（期末遇法定节假日顺延），逾期按日征收税款总额万分之五的滞纳金

业务 31-1

现金盘点报告表

20×8年12月12日　　　　单位：元

实存金额	账存金额	对比结果		处理意见
		溢余	短缺	
1 000.00	1 200.00		200.00	个人赔款

出纳：赵红　　　　会计：刘霞　　　　财务部长：李林

业务 31-2

收　据

20×8年12月12日　　　　No.169

今收到　财务部赵红交来库存现金短缺的赔款

现金收讫

金额(大写)贰佰圆整　　　　¥200.00

收款单位：　　　会计主管：李林　　　收款人：李霞

中原市嵩山电机厂 财务专用章

第一联：存根

业务 32-1

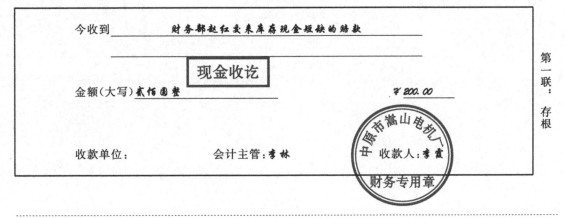

41011237637　　　　**河南增值税专用发票**　　　　№00342925

全国统一发票监制章 国家税务总局 发票联 河南省税务局

开票日期：20×8年12月12日

购买方	名　　称：中原市嵩山电机厂 纳税人识别号：91410100410209457X 地址、电话：中原市平安区农业路52号、32345679 开户行及账号：工行中原隆兴支行6222020200026808184	密码区	778869>*/−/</>34564*91−+ 69/42772453+69*+//−489+6*94 >4+25896224874>−>>5/9>>4/ >>>378

货物或应税劳务名称	规格型号	单位	数量	单价	金额	税率	税额
包装箱		个	80	750	60 000	16%	9 600
合　计		个	80	750	¥60 000		¥9 600
价税合计(大写)	陆万玖仟陆佰圆整						(小写)¥69 600.00

销售方	名　　称：中原市木器厂 纳税人识别号：914101004625281201 地址、电话：中原市新兴路82号 开户行及账号：工行中原新兴支行45613212128222456689	备注	识别码 77996 23838 25145 66669 中原市木器厂 914101004625281201 发票专用章

收款人：杨军　　复核：刘涛　　开票人：王琦　　销售方：(章)

税总函[20×8]523号潮光印刷有限公司

第三联：发票联　购买方记账凭证

业务 32-2

中国工商银行转账支票存根

支票号码：№03472200

附加信息______________

出票日期：20×8年12月12日

收款人：中原市木器厂
金额：¥69 600.00
用途：购买包装箱

单位主管：李林　　会计：刘霞

业务 33

041011037661　　**河南增值税普通发票**　　№32412925

发票联

机器编号：499920037529　　开票日期：20×8年12月12日

购买方	名称：中原市嵩山电机厂 纳税人识别号：91410100410209457X 地址、电话：中原市平安区农业路52号、32345679 开户行及账号：			密码区	778869>*/-/</>34564<3219* 91-+69/42772453+69*+9469//- 489+6*94>4+2589622/65474874> ->>125/9>>3/>>>66		
货物或应税劳务名称	规格型号	单位	数量	单价	金额	税率	税额
*餐饮服务*餐费				750	905.66	6%	54.34
合计					¥905.66		¥54.34
价税合计(大写)	玖佰陆拾圆整				(小写)¥960.00		
销售方	名称：中原四季春酒店 纳税人识别号：91410100551423168З 地址、电话：中原市华兴路5号 开户行及账号：工行中原华兴支行1702327549015896649			备注	校验码 77996 23838 25145 66669		

收款人：李华　　复核：王伟杰　　开票人：周慧琦　　销售方：(章)

税总函[20×8]523号湖光印刷有限公司

第二联：发票联　购买方记账凭证

业务 34-1

4100198130　　**河南增值税专用发票**　　№00361365

全国统一发票监制章 国家税务总局 河南省税务局

此联不作报销、扣税凭证使用　　开票日期：20×8年12月13日

税总函[20×8]523号潮光印刷有限公司

购买方	名称：中原市环保设备公司 纳税人识别号：91410100410895329O 地址、电话：中原市健康路5号 开户行及账号：建行农支 8212100500028			密码区	790649>*/-/</>33242*73- +12/13465107+34*+//-178+ 6*74>4+5437023*8962>->> >2/1>>4/>>>3		
货物或应税劳务名称	规格型号	单位	数量	单价	金额	税率	税额
设备租赁		台	1	9 500	9 500	16%	1 520
合计					¥9 500		¥1 520
价税合计（大写）	壹万壹仟零贰拾圆整				（小写）¥11 020.00		
销售方	名称：中原市嵩山电机厂 纳税人识别号：91410100410209457X 地址、电话：中原市平安区农业路52号、32345679 开户行及账号：工行中原隆兴支行 6222020200026808184			备注	识别码 83666 13521 40125 76987 中原市嵩山电机厂 91410100410209457X 发票专用章		

收款人：赵红　　复核：李林　　开票人：李夏　　销售方：（章）

第一联：记账联　销售方记账凭证

业务 34-2

ICBC　中国工商银行　　**进账单**（贷方凭证）　　1

20×8年12月13日

出票人	全称	中原市环保设备公司	收款人	全称	中原市嵩山电机厂
	账号	17020378129O19O28O6		账号	6222020200026808184
	开户银行	工商银行中原黄河支行		开户银行	工商银行中原隆兴支行
人民币（大写）：壹万壹仟零贰拾圆整				千 百 十 万 千 百 十 元 角 分	¥ 1 1 0 2 0 0 0
票据种类	转账支票	票据张数	1		
票据号码	2164689				
复核：　记账：				中国工商银行中原分行隆兴支行 20×8.12.13 转讫 开户银行盖章	

此联是开户银行交给持票人的回单

业务 34-3

固定资产租赁凭据

20×8年 12月 13日　　　　　　　　　　　　　　　　　　第 6 号

出租单位名称	中原市嵩山电机厂		租入单位名称	中原市环保设备公司	
固定资产名称	CQ 车床	类别	生产经营用固定资产	原始价值	350 000
每月租金	9 500	租赁期限	三年	备注	

设备科科长：杨大伟　　　　　　　　　　　　财务负责人：李林

业务 35-1

4100143207　　　　**河南增值税专用发票**　　　　№00478525

发票联

开票日期：20×8年 12月 13日

购买方	名称：中原市嵩山电机厂 纳税人识别号：91410100410209457X 地址、电话：中原市平安区农业路 52 号、32345679 开户行及账号：工商银行 6222 0202 0002 6808 184				密码区	854149＞＊/－/＜/＞3546＊73－ ＋11/12356107＋34＊＋//－269＊ 94＞4＋45321523569＞－＞＞2/8 ＞＞4/＞＞＞0＞4＋3216	
货物或应税劳务名称	规格型号	单位	数量	单价	金额	税率	税额
工业用电		度	17 300	1.20	20 760	16%	3 321.60
合计		度	17 300	1.20	¥20 760		¥3 321.60
价税合计（大写）	贰万肆仟零捌拾壹圆陆角整					（小写）¥24 081.60	
销售方	名称：中原市电力公司 纳税人识别号：914101003400062516 地址、电话：中原市淮河路 572 号 开户行及账号：工行中原淮河支行 6222831135202355420				备注	识别码 75566 24621 43245 12369	

收款人：李蔚　　　复核：张华威　　　开票人：杨明力　　　销售方：（章）

税总函[20×8]523 号潮光印刷有限公司

第三联：发票联　购买方记账凭证

业务 35-2

ICBC 委托收款凭证（付账通知） 3

第　号

特约

委托日期：20×8年12月13日

付款人	全称	中原市嵩山电机厂	收款人	全称	中原市电力公司
	账号	6222020200026808184		账号	6222831135202355420
	开户银行	中原分行隆兴支行		开户银行	工行淮河支行
委收金额	人民币（大写）贰万肆仟零捌拾壹圆陆角整			千百十万千百十元角分	￥2408160
计费周期	1个月	协议（合同）号码			
款项内容	12月份电费	付款人开户银行盖章 年　月　日			

中国工商银行中原分行隆兴支行 20×8.12.13 转讫

此联是付款人开户银行交付款人按期付款的通知

单位主管：李林　　会计：刘霞　　复核：　　记账：

10×17.5公分（白纸褐油墨）

业务 36-1

41010364780

河南增值税专用发票

№00471567

发票联

全国统一发票监制章 国家税务总局 河南省税务局

开票日期：20×8年12月13日

税总函[20×8]523号湖光印刷有限公司

购买方	名称：中原市嵩山电机厂 纳税人识别号：91410100410209457X 地址、电话：中原市平安区农业路52号、0371-32345679 开户行及账号：工行中原隆兴支行 6222020200026808184				密码区	890789>*/-/</>87784*73-+11/95695107+34*+//-275+6*78>4+631054*4789>->>2/4>>3/>>>1	
货物或应税劳务名称	规格型号	单位	数量	单价	金额	税率	税额
维修设备		台	2	4 500	9 000	16%	1 440
合计					￥9 000		￥1 440
价税合计（大写）	壹万零肆佰肆拾圆整					（小写）￥10 440.00	
销售方	名称：中原市设备修理厂 纳税人识别号：914101000425452529 地址、电话：中原市大商路75号 开户行及账号：工行中原淮河支行 6022801756200215531				备注	识别码 83226 13525 40125 73635 中原市设备修理厂 914101000425452529 发票专用章	

第三联：发票联　购买方记账凭证

收款人：李进　　复核：张苗　　开票人：李晓莉　　销售方：（章）

业务 36-2

中国工商银行转账支票存根

支票号码：№03820916

科　　目

对方科目

签发日期：20×8年12月13日

收款人：中原市设备修理厂	
金额：￥10 440.00	
用途：维修设备费用	
备注：	

单位主管：李林　　　会计：刘霞

业务 37

现金存款凭条

20×8年12月13日

存款人	全称	中原市嵩山电机厂		
	账号	6222020200026808184	款项来源	零售款
	开户行	工银中原隆兴支行	交款人	销售部李明

金额（大写）肆仟圆整	金额（小写）	千	百	十	万	千	百	十	元	角	分
					￥	4	0	0	0	0	0

票面	张数	十	万	千	百	十	元	票面	张数	千	百	十	元	角	分	备注
壹佰元	20			2	0	0	0	伍角	0							中国工商银行中原分行隆兴支行 20×8.12.13 转讫
伍拾元	30			1	5	0	0	贰角	0							
贰拾元	20				4	0	0	壹角	0							
拾元	10				1	0	0	伍分	0							
伍元	0							贰分	0							
贰元	0							壹分	0							
壹元	0															

业务 38-1

4100138652

河南增值税专用发票

国家税务总局 发票联 河南省税务局

№00346975

开票日期：20×8年 12月 13日

购买方	名称：中原市嵩山电机厂 纳税人识别号：91410100410209457X 地址、电话：中原市平安区农业路52号、32345679 开户行及账号：工行中原隆兴支行 6222020200026808184			密码区	6776869>*/—/</>38521>214* 91—+69/42714453+69*+327//— 587+6*94>4+2589622<5632814> —>>5/9>>4/>>>571		
货物或应税劳务名称	规格型号	单位	数量	单价	金额	税率	税额
天然气		米³	300	2.50	750	10%	75
合计		米³	300	2.50	¥750		¥75
价税合计（大写）	捌佰贰拾伍圆整				（小写）¥825.00		
销售方	名称：中原市天然气公司 纳税人识别号：914101003726591201 地址、电话：中原市东明路82号 开户行及账号：工行中原东明支行 6523432215621234756			备注	识别码 23996 58838 25147 67731 中原市天然气公司 914101003726591201 发票专用章		

收款人：张杨　　复核：吴坤　　开票人：毛乐　　销售方：（章）

税总函[20×8]523号潮光印刷有限公司

第三联：发票联 购买方记账凭证

业务 38-2

ICBC 中国工商银行　　**托收凭证**(付款通知)

委托日期:20×8年12月13日　　　　付款期限:20×9年01月20日

业务类型	委托收款(□ 邮划、□ 电划)　托收承付(■ 邮划、□ 电划)					
付款人	全称	中原市嵩山电机厂	收款人	全称	中原市天然气公司	
	账号	6222020200026808184		账号	6523432215621234756	
	开户银行	工行中原隆兴支行		开户银行	工行中原东明支行	
人民币(大写)	捌佰贰拾伍圆整			千百十万千百十元角分	¥82500	
款项内容	天然气	托收凭证名称		附寄单证张数		
商品发运情况				合同名称号码		
备注: 付款人开户银行收到日期 年　月　日 复核:　记账:	中国工商银行中原分行隆兴支行 20×8.12.13 转讫 付款人开户银行签章 年　月　日			付款人注意: 1. 根据支付结算办法,上列委托收款(托收承付)款项再付款期内未提出拒付,即视为同意付款,以此代付款通知。 2. 如提出全部或部分拒付,应在规定期限内,将拒付理由书并附债务证明退交开户银行。 20×8年12月13日		

此联付款人开户行给付款人按期付款通知

业务 39-1

中国工商银行转账支票存根

支票号码:№7832091

科　目

对方科目

签发日期:　年　月　日

收款人:
金额:
用途:
备注:

单位主管:李林　　会计:刘霞

业务 39-2

41001032429　　**河南增值税专用发票**　　№32457381

（印章：全国统一发票监制章 国家税务总局 河南省税务局）

发票联

开票日期：20×8年12月14日

税总函[20×8]523号朔光印刷有限公司

购买方	名　称：中原市嵩山电机厂 纳税人识别号：91410100410209457X 地址、电话：中原市平安区农业路52号、32345679 开户行及账号：工行中原隆兴支行 6222020200026808184			密码区	560549＞*/－/＜/＞86132*73－ ＋11/99095107＋34*＋//－273＋ 6*74＞6＋6310021*4262＞－＞ ＞7/1＞＞5/＞＞＞3		
货物或应税劳务名称	规格型号	单位	数量	单价	金额	税率	税额
专利		项	1	105 000	105 000	6%	6 300
合　计					¥105 000		¥6 300
价税合计（大写）	拾壹万壹仟叁佰圆整				（小写）¥111 300.00		
销售方	名　称：中原市东方公司 纳税人识别号：914101001728763946 地址、电话：中原市泰华路95号 开户行及账号：建行淮河支行 622280176710319876			备注	识别码 83666 13521 40125 73869 （印章：中原市东方公司 914101001728763946 发票专用章）		

第三联：发票联　购买方记账凭证

收款人：侯丽洁　　复核：李一男　　开票人：华山　　销售方：（章）

业务 40-1

固定资产交接单

20×8年12月14日

移交单位	成品库	接收单位	机加车间
固定资产名称	BP电机	规　格	
技术特征			
附属物			
建造企业	中原市嵩山电机厂	出厂或建成年月	20×8年11月15日
安装单位		安装完工年月	
成本	48 000	其中：安装费	
税金			
移交单位负责人	付家成	接收单位负责人	李茂林

业务 40-2

产品出库单

20×8年12月14日

凭证编号:11008
产成品库:一号库

用途:自用

类别	编号	名称及规格	计量单位	数量	单位成本	总成本	附注:
	25001	BP电机	台	1	48 000	48 000	机加车间作为固定资产使用,该电机市场价格60 000元 设备科
合计							

二 财务存

记账:刘黎　保管:许曼　检验:洪双　制单:李芳

业务 41

收　料　单

20×8年12月04日

编码:12001

材料编号	材料名称	规格	材质	单位	数量		实际单价	材料金额	运杂费	材料实际成本
					发货	实收				
15401	生铁			吨	100	100	3 480	348 000		
供货单位	三门峡钢铁厂		结算办法	转账	合同号		计划单价			材料计划成本
备注							3 500			350 000

主管:谢东　质量检验员:李新　仓库验收:宋波　经办人:赵军

收　料　单

20×8年12月06日

编码:12002

材料编号	材料名称	规格	材质	单位	数量		实际单价	材料金额	运杂费	材料实际成本
					发货	实收				
15402	硅钢			吨	25	25	8 000	200 000		
供货单位	京南钢铁集团		结算办法	转账	合同号		计划单价			材料计划成本
备注							7 800			195 000

主管:谢东　质量检验员:李新　仓库验收:宋波　经办人:赵军

收　料　单

20×8年12月07日　　　　编码:12003

材料编号	材料名称	规格	材质	单位	数量		实际单价	材料金额	运杂费	材料实际成本
					发货	实收				
15403	劳保用品			套	50	50	100	5 000		
供货单位	红星商贸公司		结算办法	转账	合同号		计划单价			材料计划成本
备注							90			4 500

主管:谢东　　质量检验员:李新　　仓库验收:宋波　　经办人:赵军

收　料　单

20×8年12月10日　　　　编码:12004

材料编号	材料名称	规格	材质	单位	数量		实际单价	材料金额	运杂费	材料实际成本
					发货	实收				
15404	焦炭			吨	30	30	1 500	45 000		
供货单位	永城煤业集团		结算办法	转账	合同号		计划单价			材料计划成本
备注							1 450			43 500

主管:谢东　　质量检验员:李新　　仓库验收:宋波　　经办人:赵军

收　料　单

20×8年12月10日　　　　编码:12005

材料编号	材料名称	规格	材质	单位	数量		实际单价	材料金额	运杂费	材料实际成本
					发货	实收				
15405	风扇			台	30	30	100	3 000		
供货单位	宏发商贸公司		结算办法	转账	合同号		计划单价			材料计划成本
备注							110			3 300

主管:谢东　　质量检验员:李新　　仓库验收:宋波　　经办人:赵军

收　料　单

20×8年12月11日　　　　编码:12006

材料编号	材料名称	规格	材质	单位	数量		实际单价	材料金额	运杂费	材料实际成本
					发货	实收				
15406	轴承			套	100	100	750	75 000		
供货单位	洛阳轴承厂		结算办法	转账	合同号		计划单价			材料计划成本
备注							720			72 000

主管:谢东　　质量检验员:李新　　仓库验收:宋波　　经办人:赵军

收　料　单

20×8年12月11日　　　　编码:12007

材料编号	材料名称	规格	材质	单位	数量		实际单价	材料金额	运杂费	材料实际成本
					发货	实收				
15407	润滑油			千克	100	100	8	800		
15408	油漆			千克	200	200	3	600		
供货单位	中原物资公司		结算办法	转账	合同号		计划单价			材料计划成本
备注							7.5			750
							4			800

主管:谢东　　质量检验员:李新　　仓库验收:宋波　　经办人:赵军

收　料　单

20×8年12月12日　　　　编码:12008

材料编号	材料名称	规格	材质	单位	数量		实际单价	材料金额	运杂费	材料实际成本
					发货	实收				
15409	包装箱			个	80	80	750	60 000		
供货单位	中原木器厂		结算办法	转账	合同号		计划单价			材料计划成本
备注							800			64 000

主管:谢东　　质量检验员:李新　　仓库验收:宋波　　经办人:赵军

收 料 单

20×8年12月15日　　　　编码：12009

材料编号	材料名称	规格	材质	单位	数量		实际单价	材料金额	运杂费	材料实际成本
					发货	实收				
15410	天然气			立方	300	300	2.5	750		
供货单位	天然气公司		结算办法	转账	合同号		计划单价			材料计划成本
备注							2.4			720

主管：谢东　　质量检验员：李新　　仓库验收：宋波　　经办人：赵军

业务 42

领 料 单

领料部门：铸造车间　　　　凭证编号：L—101

用　　途：BP 电机　　20×8年12月01日　　发料仓库：1号仓库

材料类别	材料名称	材料规格	计量单位	数量		计划成本	
				请领	实发	单价	金额
	生铁		吨	30	30	3 500	
	焦炭		吨	15	15	1 450	
	天然气		米^3	150	150	2.4	

记账

记账：　　发料：赵宏　　审批：　　领料：王亮

领 料 单

领料部门：铸造车间　　　　凭证编号：L—102

用　　途：ZD 电机　　20×8年12月01日　　发料仓库：1号仓库

材料类别	材料名称	材料规格	计量单位	数量		计划成本	
				请领	实发	单价	金额
	生铁		吨	28	28	3 500	
	焦炭		吨	13	13	1 450	
	天然气		米^3	145	145	2.4	

记账

记账：　　发料：赵宏　　审批：　　领料：王亮

领　料　单

领料部门：机加车间　　　　凭证编号：L—103
用　　途：BP 电机　　20×8 年 12 月 01 日　　发料仓库：1 号仓库

材料类别	材料名称	材料规格	计量单位	数量		计划成本	
				请领	实发	单价	金额
	硅钢		吨	15	15	7 800	

记账

记账：　　发料：赵宏　　审批：　　领料：刘涛

领　料　单

领料部门：机加车间　　　　凭证编号：L—104
用　　途：ZD 电机　　20×8 年 12 月 01 日　　发料仓库：1 号仓库

材料类别	材料名称	材料规格	计量单位	数量		计划成本	
				请领	实发	单价	金额
	硅钢		吨	13	13	7 800	

记账

记账：　　发料：赵宏　　审批：　　领料：刘涛

领　料　单

领料部门：装配车间　　　　凭证编号：L—105
用　　途：BP 电机　　20×8 年 12 月 01 日　　发料仓库：1 号仓库

材料类别	材料名称	材料规格	计量单位	数量		计划成本	
				请领	实发	单价	金额
	轴承		套	30	30	720	
	风扇		台	14	14	110	

记账

记账：　　发料：赵宏　　审批：　　领料：李杰

领　料　单

领料部门：装配车间　　　　凭证编号：L—106
用　　途：ZD电机　　　　20×8年12月01日　　　　发料仓库：1号仓库

材料类别	材料名称	材料规格	计量单位	数量		计划成本	
				请领	实发	单价	金额
	轴承		套	29	29	720	
	风扇		台	15	15	110	

记账

记账：　　　　发料：赵宏　　　　审批：　　　　领料：李杰

领　料　单

领料部门：装配车间　　　　凭证编号：L—107
用　　途：一般耗用　　　　20×8年12月01日　　　　发料仓库：1号仓库

材料类别	材料名称	材料规格	计量单位	数量		计划成本	
				请领	实发	单价	金额
	油漆		千克	62	62	4	
	润滑油		千克	31	31	7.5	

记账

记账：　　　　发料：赵宏　　　　审批：　　　　领料：李杰

领　料　单

领料部门：装配车间　　　　凭证编号：L—201
用　　途：BP电机　　　　20×8年12月01日　　　　发料仓库：2号仓库

材料类别	材料名称	材料规格	计量单位	数量		计划成本	
				请领	实发	单价	金额
	包装箱		个	30	30	800	

记账

记账：　　　　发料：刘伟　　　　审批：　　　　领料：李杰

领　料　单

领料部门：装配车间　　　　凭证编号：L—202
用　　途：ZD电机　　20×8年12月01日　　发料仓库：2号仓库

材料类别	材料名称	材料规格	计量单位	数量		计划成本	
				请领	实发	单价	金额
	包装箱		个	28	28	800	

记账

记账：　　发料：刘伟　　审批：　　领料：李杰

领　料　单

领料部门：装配车间　　　　凭证编号：L—203
用　　途：一般耗用　　20×8年12月01日　　发料仓库：2号仓库

材料类别	材料名称	材料规格	计量单位	数量		计划成本	
				请领	实发	单价	金额
	劳保用品		套	58	58	90	

记账

记账：　　发料：刘伟　　审批：　　领料：李杰

领　料　单

领料部门：机修车间　　　　凭证编号：L—204
用　　途：一般耗用　　20×8年12月05日　　发料仓库：2号仓库

材料类别	材料名称	材料规格	计量单位	数量		计划成本	
				请领	实发	单价	金额
	润滑油		千克	15	15	7.5	

记账

记账：　　发料：刘伟　　审批：　　领料：赵冰

业务43

中原市嵩山电机厂

设备报废申请单

20×8年12月17日

设备名称	KG设备	预计使用年限	15年	已使用年限	9年
设备编号	Q23468	原　值	232 000	已提折旧	210 000
使用部门	机加车间	折余价值	22 000	预计残值	10 000
报废原因	设备老化，主要部件严重损坏	技术部门意见	加工产品已达不到标准，影响产品质量，建议报废。 王　强		
报废处理建议	做废品处理	设备管理部门意见	同意报废 李晓阳		
企业领导意见	同意 孙建国	备注	该项固定资产增值税进项税额没有抵扣		

中原市嵩山电机厂 业务专用章

业务44-1

固定资产调拨单

调出单位：中原市嵩山电机厂

调入单位：中原市兴光机械厂　　20×8年12月17日　　调拨单号：00160

转移原因	联营投资				税金：　评估价值：480 000.00			
名称	型号	单位	数量	预计使用寿命	已使用年限	原值	已提折旧	净值
铣床	WN426	台	1	20	1	500 000	15 000	485 000
调出单位		中原市嵩山电机厂 财务专用章			调入单位		中原市兴光机械厂 财务专用章	
财务负责人：李　林 设备科科长：赵小亮					财务负责人：李　华 设备科科长：张华飚			

会计主管：李　林　　稽核：李　勇　　制单：刘　霞

业务 44-2

泰达评估事务所文件

中原[20×8]字第 651

★

资产评估报告

中原市兴光机械厂

我所受贵单位的委托，依据《中华人民共和国国有资产评估办法》《中华人民共和国注册会计师法》和《企业会计准则》等规定，对贵厂接受嵩山电机厂投入的 WN426 铣床一台进行评估。其原始价值 500 000 元，已提折旧 15 000 元，固定资产按净值评估确定价值为 480 000 元（含税）。

评估员：李　莉　　　　　　　　　　　　泰达评估事务所

中国注册资产评估师：王立群　　　　　　20×8 年 12 月 13 日

（印章：泰达评估事务所 业务专用章）

业务 45-1

河南增值税专用发票

41001032268　　　　　　　　　　　　　　　　No00102301

（印章：全国统一发票监制章 国家税务总局 河南省税务局）发票联

开票日期：20×8年 12月 17日

购买方	名　称：中原市嵩山电机厂 纳税人识别号：91410100410209457X 地址、电话：中原市平安区农业路 52 号、32345679 开户行及账号：工行中原隆兴支行 6222020200026808184	密码区	156149＞*/－/＜/＞3946*73－＋ 11/65786107＋34*＋//－269*94 ＞4＋45432123569＞－＞＞2/8＞＞ 4/＞＞＞0＞4＋4328＞3290＜＜561

货物或应税劳务名称	规格型号	单位	数量	单价	金额	税率	税额
租赁设备		台	1	20 000	20 000	16%	3 200
合　计		台	1	20 000	¥20 000	16%	¥3 200
价税合计（大写）	贰万叁仟贰佰圆整					（小写）	¥23 200.00

销售方	名　称：中原恒通租赁公司 纳税人识别号：914101006328062223 地址、电话：中原市光明路 2 号 开户行及账号：工行中原开元支行 6222342266112178323	备注	识别码 75566 24621 43245 12369 （印章：中原恒通租凭公司 914101006328062223 发票专用章）

收款人：程昱　　复核：姚琳　　开票人：林红　　销售方：（章）

税总函[20×8]523 号湘光印刷有限公司

第三联：发票联　购买方记账凭证

业务 45-2

中国工商银行转账支票存根

支票号码:№02532410

附加信息______________

____

____

出票日期:20×8年12月17日

收款人:中原恒通租赁公司

金额:¥23 200.00

用途:支付融资租赁设备款

单位主管:李林　　会计:刘霞

业务 46-1

中原市物资回收公司

收购凭单

收款日期:20×8年12月18日　　№ 0026859

<table>
<tr><td rowspan="2">收购货物
名称</td><td rowspan="2">计量单位</td><td rowspan="2">数量</td><td rowspan="2">单位价格</td><td colspan="8">金　额</td></tr>
<tr><td>十</td><td>万</td><td>千</td><td>百</td><td>十</td><td>元</td><td>角</td><td>分</td></tr>
<tr><td>废钢铁</td><td>千克</td><td>3 750</td><td>3.2</td><td>¥</td><td>1</td><td>2</td><td>0</td><td>0</td><td>0</td><td>0</td><td>0</td></tr>
<tr><td></td><td></td><td></td><td></td><td></td><td></td><td></td><td></td><td></td><td></td><td></td><td></td></tr>
<tr><td></td><td></td><td></td><td></td><td></td><td></td><td></td><td></td><td></td><td></td><td></td><td></td></tr>
<tr><td>合计(大写)</td><td colspan="3">壹万贰仟圆整</td><td>¥</td><td>1</td><td>2</td><td>0</td><td>0</td><td>0</td><td>0</td><td>0</td></tr>
</table>

制表:金智勇　　收款:刘　欣　　企业盖章　中原市物资回收公司 财务专用章

业务 46-2

专用收款收据

收款日期:20×8年12月18日　　№ 0014789

<table>
<tr><td>付款单位
(交款人)</td><td>中原市嵩
山电机厂</td><td>收款单位
(领款人)</td><td colspan="8">中原市物资回收公司</td><td>收款项目</td><td>设备拆卸费</td></tr>
<tr><td rowspan="2">人民币
(大写)</td><td colspan="2" rowspan="2">叁仟圆整</td><td>千</td><td>百</td><td>十</td><td>万</td><td>千</td><td>百</td><td>十</td><td>元</td><td>角</td><td>分</td><td>结算方式</td></tr>
<tr><td></td><td></td><td></td><td>¥</td><td>3</td><td>0</td><td>0</td><td>0</td><td>0</td><td>0</td><td>转账支票</td></tr>
<tr><td>收款事由</td><td colspan="2">设备报废拆卸费</td><td>经 办</td><td colspan="10">部门
人员</td></tr>
<tr><td colspan="3" rowspan="2">上述款照数收妥无误。
收款单位财会专用章:
(领款人签章)</td><td>会计主管</td><td>稽核</td><td>出纳</td><td>交款人</td></tr>
<tr><td>张京</td><td>金智勇</td><td>刘　欣</td><td></td></tr>
</table>

中原市物资回收公司 财务专用章

业务 46-3

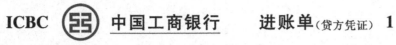

ICBC　中国工商银行　　进账单（贷方凭证）　1

20×8年12月18日

出票人	全称	中原市物资回收公司	收款人	全称	中原市嵩山电机厂
	账号	6227001626879645059		账号	6222020200026808184
	开户银行	建行中原建业支行		开户银行	工行中原隆兴支行

金额	人民币（大写）：壹万贰仟圆整	千	百	十	万	千	百	十	元	角	分
				¥	1	2	0	0	0	0	0

票据种类	转账支票	票据张数	1
票据号码			
备注：			

中国工商银行中原分行隆兴支行　20×8.12.18　转讫

复核：　　记账：

此联是收款人开户银行给收款人的回单或收账通知

业务 46-4

中国工商银行转账支票存根

支票号码：№02532419

附加信息＿＿＿＿＿＿

出票日期：20×8年12月18日

收款人：中原市物资回收公司
金额：¥3 000.00
用途：支付设备清理费用

单位主管：李林　　会计：刘霞

业务 47

固定资产竣工验收单

20×8年 12月 18日　　　　№ 00056

固定资产名称	起重机	验收日期	20×8.12.19	使用部门	装配车间
型号规格	23J-1型	始建日期	20×8.12.06	建造单位	洛阳重型机械厂
固定资产编号	2231-56	竣工日期	20×8.12.18	工程成本	505 000
主要技术参数：（略）			验收意见：设备功能符合要求，通过验收，可投入使用。		

（印章：洛阳重型机械厂）（印章：中原市嵩山电机厂）

设备科科长：杨大伟　　交验单位：　　设备科验收人：刘阳

业务 48-1

专用收款收据

收款日期：20×8年 12月 19日　　　　№ 0010732

付款单位（交款人）	中原市嵩山电机厂	收款单位（领款人）	中原市电机经销公司										收款项目	包装物押金
人民币（大写）	肆仟圆整		千	百	十	万	千	百	十	元	角	分	结算方式	
							¥	4	0	0	0	0	0	转账支票
收款事由	退还包装物押金		经办	部门										
				人员										

上述款照数收讫无误 收款单位财会专用章 （领款人签章）	会计主管	稽核	出纳	交款人
	张京	许林	曾淑娟	林红

（印章：中原市电机经销公司 财务专用章）

业务 48-2

中国建设银行转账支票存根

支票号码：№02535250

附加信息＿＿＿＿＿＿＿＿＿＿

出票日期：20×8年12月19日

收款人：中原市电机经销公司
金额：¥4 000.00
用途：退还包装物押金

单位主管：李林　　会计：刘霞

业务 49-1

4100198130　　**河南增值税专用发票**　　№00361294

此联不作报销、扣税凭证使用　　开票日期：20×8年12月20日

（印章：全国统一发票监制章 国家税务总局 河南省税务局）

购买方	名称：宏达机电公司 纳税人识别号：914201032760213276 地址、电话：江岸市新华路22号 027-8631315 开户行及账号：工行龙支 6523212100512115095			密码区	78960＞*/－/＜/＞43212*65－ ＋12/95867932＋94*＋//－373＋ 6*64＞4＋6654801*3090＞－＞ ＞2/2＞＞5/＞＞＞3		
货物或应税劳务名称	规格型号	单位	数量	单价	金额	税率	税额
BP电机		台	5	60 000	300 000	16%	48 000
合计					¥300 000		¥48 000
价税合计（大写）	叁拾肆万捌仟圆整				（小写）¥348 000.00		
销售方	名称：中原市嵩山电机厂 纳税人识别号：91410100410209457X 地址、电话：中原市平安区农业路52号 32345679 开户行及账号：工行中原隆兴支行 6222020200026808184			备注	识别码 83666 13521 40125 75218		

收款人：赵红　　复核：李林　　开票人：李夏　　销售方：（章）

（印章：中原市嵩山电机厂 91410100410209457X 发票专用章）

左侧：税总函[20×8]523号湖光印刷有限公司

右侧：第一联：记账联　销售方记账凭证

业务 49-2

中国工商银行转账支票存根

支票号码：№03475175

附加信息____________________

出票日期：20×8年12月20日

收款人：中原铁路分局
金额：¥5 000.00
用途：代宏达机电公司支付运费

单位主管：李林　　会计：刘霞

业务 49-3

ICBC　中国工商银行　电汇凭证(回单)

□普通　□加急　　委托日期：　年　月　日

<table>
<tr><td rowspan="3">汇款人</td><td>全称</td><td></td><td rowspan="3">收款人</td><td>全称</td><td colspan="10"></td></tr>
<tr><td>账号</td><td></td><td>账号</td><td colspan="10"></td></tr>
<tr><td>汇出地点</td><td>省　　市/县</td><td>汇入地点</td><td colspan="10">省　　市/县</td></tr>
<tr><td colspan="3">汇出行名称</td><td colspan="2">汇入行名称</td><td colspan="10"></td></tr>
<tr><td rowspan="2">金额</td><td colspan="4" rowspan="2">人民币(大写)</td><td>千</td><td>百</td><td>十</td><td>万</td><td>千</td><td>百</td><td>十</td><td>元</td><td>角</td><td>分</td></tr>
<tr><td></td><td></td><td></td><td></td><td></td><td></td><td></td><td></td><td></td><td></td></tr>
<tr><td colspan="3" rowspan="2">汇出行签章
中国工商银行中原分行隆兴支行
20×8.12.20
转讫</td><td colspan="2">支付密码</td><td colspan="10"></td></tr>
<tr><td colspan="12">附加信息及用途：

复核：　　　　记账：</td></tr>
</table>

此联是汇出银行给汇款人的回单

业务 50-1

4100198130　　　　**河南增值税专用发票**　　　　№00362258

此联不作报销、扣税凭证使用　　　　开票日期：20×8年 12月 20日

购买方	名　　称：南方电机厂 纳税人识别号：914301053872194532 地 址 、电 话：南山市浏阳路 1329 号　0731-8547880 开户行及账号：招行江州大桥支行 1702037812901902806				密码区	360349＞＊/－/＜/＞34167＊79－ ＋12/95394367＋34＊＋//－591＋ 6＊19＞4＋4536521＊9529＞－＞ ＞2/6＞＞1/＞＞＞0	
货物或应税劳务名称	规格型号	单位	数量	单价	金额	税率	税　额
专利		项	1	500 000	500 000	6%	30 000
合　　计					¥500 000		¥30 000
价税合计（大写）	伍拾叁万圆整				（小写）¥530 000.00		
销售方	名　　称：中原市嵩山电机厂 纳税人识别号：91410100410209457X 地 址 、电 话：中原市平安区农业路 52 号、32345679 开户行及账号：工行中原隆兴支行 6222020200026808184				备注	识别码 83666 13521 40125 73869 中原市嵩山电机厂 91410100410209457X 发票专用章	

收款人：赵红　　复核：李林　　开票人：李夏　　销售方：（章）

第一联：记账联　销售方记账凭证

税总函[20×8]523 号湖光印刷有限公司

（注：该项专利权的成本为 600 000 元，已摊销 112 500 元）

业务 50-2

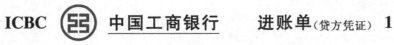

ICBC 中国工商银行　进账单(贷方凭证)　1

20×8年12月20日

出票人	全称	南方电机厂	收款人	全称	中原市嵩山电机厂
	账号	1702037812901902806		账号	6222020200026808184
	开户银行	招行江州大桥支行		开户银行	工行中原隆兴支行
人民币 (大写):伍拾叁万圆整				千 百 十 万 千 百 十 元 角 分	¥ 5 3 0 0 0 0 0 0
票据种类	银行汇票	票据张数	1	开户银行盖章	
票据号码					
复核	记账				

中国工商银行中原分行隆兴支行 20×8.12.20 转讫

此联是开户银行交给持票人的回单

业务 51

上海证券中央登记清算公司

941202	成交过户交割凭单		卖
股东编号:	A126358	成交证券:	兰陵股份
电脑编号:	86232	成交数量:	10 000
公司编号:	631	成交价格:	15
申请编号:	365	成交金额:	150 000
申报时间:	10:10	标准佣金:	350
成交时间:	11:30	过户费用:	10
上次余额:	15 000(股)	印花税:	150
本次成交:	10 000(股)	应收金额:	
本次余额:	5 000(股)	附加费用:	
本次库存:		实收金额:	149 490

中原市证券公司 财务专用章

③通知联

经办单位:________　客户签章:中原市嵩山电机厂　日期 20×8年12月21日

业务 52

河南省行政事业性收费及罚没收入专用票据

代收银行编号 0114502　　20×8年12月21日　　No21075152

缴款人名称	中原市嵩山电机厂	缴款通知书(处罚决定书)号码	中原市财政局 00468421
项目编码	项目名称	金额	
52222423	罚款	600	
	合计(大写)陆佰圆整		
收款单位盖章:（中原市财政局收费及罚没收入专用章）		代收银行盖章:（中原市商业银行城北支行 20×8.12.21 清讫）（未盖章无效）经办人(章):　复核(章):	

第一联收据联

打印票据　手写无效

业务 53-1

河南增值税专用发票

41001981309　　No00363941

此联不作报销、扣税凭证使用　　开票日期:20×8年12月24日

税总函[20×8]523号朔光印刷有限公司

购买方	名称:南昌重型机械公司 纳税人识别号:913601002321473538 地址、电话:南昌市开明路98号　0791-8631315 开户行及账号:工行南昌赣州支行 17026220861005003328			密码区	373549>*/-/</>67832*43-+12/47985107+34*+//-123+6*63>4+6317790*6345>->>2/2>>4/>>>3		
货物或应税劳务名称	规格型号	单位	数量	单价	金额	税率	税额
ZD电机		台	30	45 000	1 350 000	16%	216 000
BP电机		台	20	60 000	1 200 000	16%	192 000
合计					¥2 550 000		¥408 000
价税合计(大写)	贰佰玖拾伍万捌仟圆整				(小写)¥2 958 000.00		
销货单位	名称:中原市嵩山电机厂 纳税人识别号:91410100410209457X 地址、电话:中原市平安区农业路52号、32345679 开户行及账号:工行中原隆兴支行 6222020200026808184			备注	识别码 83666 13521 40125 73525 （中原市嵩山电机厂 91410100410209457X 发票专用章）		

收款人:赵红　　复核:李林　　开票人:李夏　　销售方:(章)

第一联:记账联　销售方记账凭证

业务 53-2

ICBC 中国工商银行　　商业承兑汇票(存根) 1

出票日期(大写)　　　　年　　月　　日　　　　汇票号码

付款人	全称		收款人	全称		
	账号			账号		
	汇出地点	省　市/县		汇入地点	省　市/县	
金额	人民币(大写)				千 百 十 万 千 百 十 元 角 分	
汇票到期日(大写)			付款人开户行	行号		
交易合同号码				地址		
备注：						

此联由出票人留存

中国工商银行中原分行隆兴支行
20×8.12.24
转讫

业务 54-1

按照我厂与中原市机床厂的联营合同，分得税前利润 100 000 元(我方拥有股权 25%)。

中原市嵩山电机厂
财务专用章

财务部长：李林

20×8年12月24日

业务 54-2

ICBC 中国工商银行　　**进账单**(贷方凭证)　1

20×8年12月24日

出票人	全称	中原市机床厂	收款人	全称	中原市嵩山电机厂									
	账号	622260003600235		账号	6222020200026808184									
	开户银行	建行工安办事处		开户银行	工行中原隆兴支行									
	人民币(大写):壹拾万圆整				千	百	十	万	千	百	十	元	角	分
						¥	1	0	0	0	0	0	0	0
票据种类	转账支票	票据张数	1											
票据号码														
备注:				复核:　记账:										

此联是收款人开户银行给收款人的回单或收账通知

中国工商银行中原分行隆兴支行
20×8.12.24
转讫

业务 55-1

中原市经济和信息化局、财政局

《关于下达20×8年度市级专项补助资金(第二批)的通知》

(中原市经信技改〔20×8〕121号)

各相关单位:

中原市经济和信息化局、财政局决定对列入20×8年度中原市工业投资(技术改造)专项中19个项目进行补助(第二批),望各相关单位按照规定使用补助资金。补助单位及资金数额如下:

1. ××
2. 中原市嵩山电机厂　200万元

××

中原市经济和信息化局
中原市经济和信息化局业务专用章

中原市财政局
中原市财政局业务专用章

20×8年12月24日

注:本次200万元政府补助属于与资产相关的政府补助,将从20×9年1月1日起分十年进行摊销,计入营业外收入。

业务 55-2

ICBC 中国工商银行　进账单（贷方凭证）1

20×8年12月24日

出票人	全称	中原市财政局	收款人	全称	中原市嵩山电机厂
	账号	6222 0202 0047 7156 132		账号	6222 0202 0002 6808 184
	开户银行	工行宝华支行		开户银行	工行中原隆兴支行
人民币（大写）：贰佰万圆整				千 百 十 万 千 百 十 元 角 分	¥ 2 0 0 0 0 0 0 0 0
票据种类	转账支票	票据张数	1	复核：	记账：

中国工商银行中原分行隆兴支行 20×8.12.24 转讫

此联是收款人开户银行给收款人的回单或收账通知

业务 56-1

财产清查报告单

第 5 号

20×8年12月25日

类别	财产名称规格	单位	单价	账面数量	实物数量	盘盈		盘亏		盘亏原因
						数量	金额	数量	金额	
18002	包装箱	个	800	105	101			4	3 200	待查
合　计				105	101			4	3 200	

财务：　　审批：　　主管：　　保管使用：　　制单：刘　霞

二 财务

业务 56-2

财产清查报告单

20×8年 12月 25日　　　　第 6 号

类别	财产名称规格	单位	单价	账面数量	实物数量	盘盈		盘亏		盘亏原因
						数量	金额	数量	金额	
	精密车床	台	120 000	4	3			1	120 000	待查
合　计				4	3			1	120 000	

二财务

财务：　审批：　主管：　保管使用：　制单：王　芳

（注：该机床已提折旧 52 000 元）

业务 57-1

4100103130　　**河南增值税专用发票**　　№32412579

发票联

开票日期：20×8年 12月 26日

购买方	名　　称：中原市嵩山电机厂 纳税人识别号：91410100410209457X 地 址 、电 话：中原市平安区农业路 52 号、32345679 开户行及账号：工行中原隆兴支行 6222020200026808184	密码区	778869＞＊/－/＜/＞34564＊91－ ＋69/42772453＋69＊＋9469//－ 489＋6＊94＞4＋2589622/65474874 ＞－＞＞125/9＞＞3/＞＞＞66

货物或应税劳务名称	规格型号	单位	数量	单价	金额	税率	税额
通信服务费					3 500	10%	350
合　计					￥3 500		￥350
价税合计（大写）	叁仟捌佰伍拾圆整				（小写）￥3 850.00		

销售方	名　　称：中原市电信公司 纳税人识别号：91410100298561927 9 地 址 、电 话：中原市华兴路 5 号 开户行及账号：工行中原大学路支行 1702365849021965416	备注	识别码 77996 23838 25145 66678

收款人：王晓华　　复核：李丽立　　开票人：刘军慧　　销售方：（章）

税总函[20×8]523 号湖光印刷有限公司

第三联：发票联　购买方记账凭证

业务 57-2

ICBC　委托收款凭证(付账通知)　3　　第　号

特约

委托日期 20×8年12月26日

付款人	全称	中原市嵩山电机厂	收款人	全称	中原市电信公司
	账号	6222020200026808184		账号	1702365849021965416
	开户行	工行中原隆兴支行		开户行	工行中原大学路支行
人民币(大写)叁仟捌佰伍拾圆整			千百十万千百十元角分		¥385000
计费周期	1个月		协议(合同)号码		
款项内容	12月电话费		收款人开户银行盖章　年　月　日		

中国工商银行中原分行隆兴支行　20×8.12.26　转讫

此联是付款人开户银行交付款人按期付款的通知

单位主管　李林　　会计　刘霞　　复核　　记账

10×17,5 公分(白纸褐油墨)

业务 58-1

4100198130

河南增值税专用发票

№00361297

此联不作报销、扣税凭证使用　　开票日期：20×8年12月27日

购买方	名　　称：中原市机械制造厂 纳税人识别号：914101027602147816 地 址 、电 话：中原市丰产路102号 开户行及账号：建行中原农业路支行 6222067720076544976				密码区	836669＞*/－/＜/＞34564/＜*13 －＋40/7386953＋69*＋2890//－489 ＋6*94＞4＋4319653/321902315＞－ ＞＞5/9＞＞4/＞＞＞642/0032		
货物或应税劳务名称	规格型号	单位	数量	单价	金额	税率	税额	
硅钢		吨	3	8 200	24 600	16%	3 936.00	
合　计					¥24 600		¥3 936.00	
价税合计(大写)	贰万捌仟伍佰叁拾陆圆整				(小写)¥28 536.00			
销售方	名　　称：中原市嵩山电机厂 纳税人识别号：91410100410209457X 地 址 、电 话：中原市平安区农业路52号、32345679 开户行及账号：工行中原隆兴支行 6222020200026808184				备注	识别码 83666 13521 40125 72165		

收款人：赵红　　复核：李林　　开票人：李夏　　销售方：(章)

中原市嵩山电机厂 91410100410209457X 发票专用章

税总函[20×8]523号湖光印刷有限公司

第一联：记账联　销售方记账凭证

业务 58-2

ICBC 中国工商银行 进账单(贷方凭证) 1

20×8年12月27日

出票人	全称	中原市机械制造厂	收款人	全称	中原市嵩山电机厂
	账号	6222067720076544976		账号	6222020200026808184
	开户银行	建行中原农业路支行		开户银行	工行中原隆兴支行
金额	人民币(大写)：			千 百 十 万 千 百 十 元 角 分	¥
票据种类	转账支票	票据张数	1		
票据号码				中国工商银行中原分行隆兴支行 20×8.12.27 转讫	
备注：				复核：	记账：

此联是收款人开户银行给收款人的回单或收账通知

业务 59-1

4100103132 **河南增值税专用发票** №32432569

全国统一发票监制章 国家税务总局 河南省税务局 发票联

开票日期：20×8年12月28日

税总函[20×8]523号湖光印刷有限公司

购买方	名称：中原市嵩山电机厂 纳税人识别号：91410100410209457X 地址、电话：中原市平安区农业路52号、32345679 开户行及账号：工行中原隆兴支行 6222020200026808184				密码区	778869>*/-/</>34564>762*91 -+69/42772453+69*+9445//- 489+6*94>4+2589622/651<14874 >->>125/9>>3/>>>23*231	
货物或应税劳务名称	规格型号	单位	数量	单价	金额	税率	税额
广告费					17 500	6%	1 050
合计					¥17 500		¥1 050
价税合计(大写)	壹万捌仟伍佰伍拾圆整				(小写)¥18 550.00		
销售方	名称：中原市海丰广告公司 纳税人识别号：914101003728923978 地址、电话：中原市万华路79号 开户行及账号：工行中原万华路支行 6361236562028655472				备注	识别码 71996 23838 25145 66328 中原市海丰广告公司 914101003728923978 发票专用章	

收款人：王琼　　复核：刘志宇　　开票人：司慧军　　销售方：(章)

第三联：发票联 购买方记账凭证

业务 59-2

中国工商银行转账支票存根

支票号码：№05325167

附加信息________________

____

____

出票日期：20×8年12月28日

收款人：中原市海丰广告公司
金额：￥18 550.00
用途：广告费

单位主管：李林　　会计：刘霞

业务 60

收料凭证汇总表

20×8年12月31日

材料名称 \ 成本及差异		期初结存		本期收入			合计		差异率
		计划成本	成本差异	实际成本	计划成本	成本差异	计划成本	成本差异	
原料及主要材料	生铁								
	硅钢								
燃料	焦炭								
	天然气								
外购半成品	轴承								
	风扇								
辅助材料	油漆								
	润滑油								
备品配件	备件								
包装物	包装箱								
低值易耗品	劳保用品								
合计									

业务 61

领　料　单

领料部门:铸造车间　　　　　　　　　　　　　　　　凭证编号:L—108

用　　途:BP 电机　　　　20×8年 12月 16日　　　　发料仓库:1 号仓库

材料类别	材料名称	材料规格	计量单位	数量		计划成本		
				请领	实发	单价	金额	记账
	生铁		吨	75	75	3 500		
	焦炭		吨	30	30	1 450		
	天然气		米³	300	300	2.4		

记账　　　　　　发料:赵宏　　　　　　审批　　　　　　领料:王亮

领　料　单

领料部门:铸造车间　　　　　　　　　　　　　　　　凭证编号:L—109

用　　途:ZD 电机　　　　20×8年 12月 16日　　　　发料仓库:1 号仓库

材料类别	材料名称	材料规格	计量单位	数量		计划成本		
				请领	实发	单价	金额	记账
	生铁		吨	75	75	3 500		
	焦炭		吨	30	30	1 450		
	天然气		米³	300	300	2.4		

记账　　　　　　发料:赵宏　　　　　　审批　　　　　　领料:王亮

领　料　单

领料部门:机加车间　　　　　　　　　　　　　　　　凭证编号:L—110

用　　途:BP 电机　　　　20×8年 12月 16日　　　　发料仓库:1 号仓库

材料类别	材料名称	材料规格	计量单位	数量		计划成本		
				请领	实发	单价	金额	记账
	硅钢		吨	30	30	7 800		

记账　　　　　　发料:赵宏　　　　　　审批　　　　　　领料:刘涛

领　料　单

领料部门：机加车间　　　　凭证编号：L—111

用　　途：ZD 电机　　　　20×8年12月16日　　　　发料仓库：1号仓库

材料类别	材料名称	材料规格	计量单位	数量		计划成本	
				请领	实发	单价	金额
	硅钢		吨	30	30	7 800	

记账

记账　　发料：赵宏　　审批　　领料：刘涛

领　料　单

领料部门：装配车间　　　　凭证编号：L—112

用　　途：BP 电机　　　　20×8年12月16日　　　　发料仓库：1号仓库

材料类别	材料名称	材料规格	计量单位	数量		计划成本	
				请领	实发	单价	金额
	轴承		套	120	120	720	
	风扇		台	45	45	110	

记账

记账　　发料：赵宏　　审批　　领料：李立

领　料　单

领料部门：装配车间　　　　凭证编号：L—113

用　　途：ZD 电机　　　　20×8年12月16日　　　　发料仓库：1号仓库

材料类别	材料名称	材料规格	计量单位	数量		计划成本	
				请领	实发	单价	金额
	轴承		套	120	120	720	
	风扇		台	30	30	110	

记账

记账　　发料：赵宏　　审批　　领料：李立

领　料　单

领料部门:装配车间　　　　　　　　　　　　　　　　凭证编号:L—114

用　　途:一般耗用　　　　20×8年12月16日　　　　发料仓库:1号仓库

材料类别	材料名称	材料规格	计量单位	数量		计划成本	
				请领	实发	单价	金额
	油漆		千克	510	510	4	
	润滑油		千克	240	240	7.5	

记账

记账　　　　发料:赵宏　　　　审批　　　　领料:李立

领　料　单

领料部门:装配车间　　　　　　　　　　　　　　　　凭证编号:L—205

用　　途:BP电机　　　　20×8年12月16日　　　　发料仓库:2号仓库

材料类别	材料名称	材料规格	计量单位	数量		计划成本	
				请领	实发	单价	金额
	包装箱		个	120	120	800	

记账

记账　　　　发料:刘伟　　　　审批　　　　领料:李立

领　料　单

领料部门:装配车间　　　　　　　　　　　　　　　　凭证编号:L—206

用　　途:ZD电机　　　　20×8年12月16日　　　　发料仓库:2号仓库

材料类别	材料名称	材料规格	计量单位	数量		计划成本	
				请领	实发	单价	金额
	包装箱		个	105	105	800	

记账

记账　　　　发料:刘伟　　　　审批　　　　领料:李立

领　料　单

领料部门：装配车间　　　　凭证编号：L—207

用　　途：一般耗用　　　　20×8年12月16日　　　　发料仓库：2号仓库

材料类别	材料名称	材料规格	计量单位	数量		计划成本	
				请领	实发	单价	金额
	劳保用品		套	105	105	90	

记账

记账　　　　发料：刘伟　　　　审批　　　　领料：李杰

领　料　单

领料部门：机修车间　　　　凭证编号：L—115

用　　途：一般耗用　　　　20×8年12月16日　　　　发料仓库：1号仓库

材料类别	材料名称	材料规格	计量单位	数量		计划成本	
				请领	实发	单价	金额
	润滑油		千克	30	30	7.5	
	备件		件	5	5	400	

记账

记账　　　　发料：刘伟　　　　审批　　　　领料：赵冰

领　料　单

领料部门：机修车间　　　　凭证编号：L—208

用　　途：一般耗用　　　　20×8年12月16日　　　　发料仓库：2号仓库

材料类别	材料名称	材料规格	计量单位	数量		计划成本	
				请领	实发	单价	金额
	劳保用品		套	15	15	90	

记账

记账　　　　发料：刘伟　　　　审批　　　　领料：赵冰

领 料 单

领料部门：供电车间　　凭证编号：L—209

用　　途：一般耗用　　20×8年12月28日　　发料仓库：2号仓库

材料类别	材料名称	材料规格	计量单位	数量		计划成本	
				请领	实发	单价	金额
	劳保用品		套	10	10	90	

记账

记账　　发料：刘伟　　审批　　领料：王磊

领 料 单

领料部门：中原市机械制造厂　　凭证编号：L—116

用　　途：销售　　20×8年12月27日　　发料仓库：1号仓库

材料类别	材料名称	材料规格	计量单位	数量		计划成本	
				请领	实发	单价	金额
	硅钢		吨	3	3	7 800	

记账

记账　　发料：刘伟　　审批　　领料：王辉

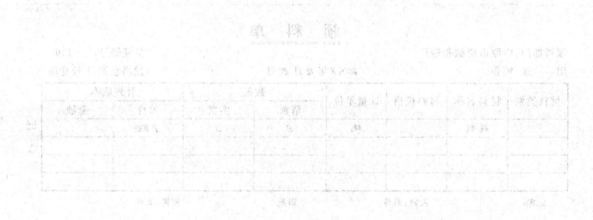

发料凭证汇总表

20×8年12月31日

领用部门＼材料名称		原料及主要材料		燃　料		外购半成品		辅助材料		备件		包装物		低值易耗品		合　计	
		计划成本	成本差异	计划成本	成本差异	计划成本	成本差异	计划成本	成本差异	计划成本	成本差异	计划成本	成本差异	计划成本	成本差异	计划成本	成本差异
基本生产成本	铸造车间																
	机加车间																
	装配车间																
辅助生产成本	机修车间																
	供电车间																
制造费用	铸造车间																
	机加车间																
	装配车间																
厂部																	
合计																	

制表：

业务 62-1

职工薪酬结算汇总表

20×8年12月31日　　　　单位：元

车间、部门		标准工资	各种奖金	津贴和补贴	缺勤工资	应付工资	代扣款项				实付工资
							医疗保险费	养老保险费	住房公积金	小计	
铸造车间	生产人员	241 670	30 000	10 000	920	280 750	22 460	33 690	33 690	89 840	
	管理人员	17 500	5 000	3 125	175	25 450	2 036	3 054	3 054	8 144	
机加车间	生产人员	295 800	70 840	50 000	1 415	415 225	33 218	49 827	49 827	132 872	
	管理人员	16 875	4 687	2 500	437	23 625	1 890	2 835	2 835	7 560	
装配车间	生产人员	258 340	65 835	39 585	2 585	361 175	28 894	43 341	43 341	115 576	
	管理人员	8 750	5 875	3 500	150	17 975	1 438	2 157	2 157	5 752	
机修车间		31 875	20 000	5 000	750	56 125	4 490	6 735	6 735	17 960	
供电车间		13 125	8 125	2 250	300	23 200	1 856	2 784	2 784	7 424	
厂部管理人员		176 100	37 800	7 800		221 700	17 736	26 604	26 604	70 944	
专设销售机构人员		21 000	5 100	1 100		27 200	2 176	3 264	3 264	8 704	
合　计		1 081 035	253 262	124 860	6 732	1 452 425	116 194	174 291	174 291	464 776	

制表：张　勇

（注：企业应为职工缴纳的社会保险费及住房公积金与职工个人负担金额相同；企业分别按职工工资总额的 2%和 1.5%计提工会经费和职工教育经费。）

业务 62-2

直接人工成本分配表

20×8年 12月 31日

单位、产品		定额工时	职工薪酬	
			分配率	分配额
铸造车间				
	合 计			
机加车间				
	合 计			
装配车间				
	合 计			

制表：

业务 63

盘亏资产审批意见

经查实确认盘亏包装箱属于保管不善丢失，应由责任人王良赔偿 1 500 元；盘亏设备无法查明原因(20×6 年以前购入的)，现批准予以转销。

20×8 年 12 月 31 日

财务负责人：李 林

会计：刘 霞

业务 64

债券溢价摊销表

20×8年 12月 31日

项目	票面利息	实际利息	溢价摊销额
企业债券	186 600	180 200	6 400

业务 65

股票期末价格

20×8年12月31日

公司名称	最低价	开盘价	收盘价	最高价
兰陵股份	17.2 元	17.50 元	18 元	18.3 元

业务 66

坏账准备计算表

20×8年12月31日

应收款项	期末余额	应提坏账准备(5%)	实提坏账准备
应收账款			
其他应收款			

业务 67

固定资产折旧计算表

20×8年12月31日

固定资产类别		房屋及建筑物	机器设备	运输设备	合计
月折旧率		1%	1.5%	2%	
铸造车间	原值	2 350 000	780 000	50 000	3 180 000
	月折旧额				
机加车间	原值	2 700 000	3 600 000	75 000	6 375 000
	月折旧额				
装配车间	原值	3 660 000	1 125 000	60 000	4 845 000
	月折旧额				
机修车间	原值	195 000	180 000	—	375 000
	月折旧额				
供电车间	原值	225 000	300 000	—	525 000
	月折旧额				
厂部	原值	2 100 000		600 000	2 700 000
	月折旧额				
出租	原值	—	350 000	—	350 000
	月折旧额				
合计	原值	11 230 000	6 335 000	785 000	18 350 000
	月折旧额				

业务 68

无形资产摊销表

20×8年12月31日

单位：元

无形资产名称	成 本	预计使用寿命(年)	本月摊销额
专利权			
土地使用权			
非专利技术			
合 计			

制表：刘 霞　　　　财务部长：李 林

业务 69

资产减值计算汇总表

20×8年12月31日

单位：元

资产名称	预计可收回金额	账面价值	资产减值损失
ZK 机床	138 000	150 000	
PY 机床	156 000	180 000	
专利权	253 000	320 000	
合 计	547 000	650 000	

制表：刘 霞　　　　财务部长：李 林

业务 70-1

辅助生产提供劳务数量

20×8年12月31日

辅助生产车间	铸造车间	机加车间	装配车间	机修车间	厂部	合计
机修(工时)	12 500	30 200	26 126		5 000	73 826
供电(度数)	4 125	11 625	6 480	450	3 270	25 950

业务 70-2

辅助生产成本分配表

20×8年12月31日

辅助生产车间	应分配成本额	劳务数量	分配额									
			制造费用						管理费用		合计	
			铸造车间		机加车间		装配车间		数量	金额	数量	金额
			数量	金额	数量	金额	数量	金额				
机修车间												
供电车间												
合计												

业务 71

制造费用分配表

20×8年12月31日

车间、产品		定额工时	分配率	制造费用分配额
铸造车间	BP 电机			
	ZD 电机			
	合　计			
机加车间	BP 电机			
	ZD 电机			
	合　计			
装配车间	BP 电机			
	ZD 电机			
	合　计			

制表：

业务 72

产品成本计算单

车间名称：　　　　　　　　　　　　　　　　　　　　完工产量：

产品名称：　　　　　　　年　　月　　日　　　　　　　金额单位：

成本项目	直接材料	直接人工	制造费用	合计
期初在产品成本				
本月生产成本				
合　计				
约当产量				
分配率				
完工产品转出				
期末在产品成本				

制表：

产品成本计算单

车间名称：　　　　　　　　　　　　　　　　　　完工产量：

产品名称：　　　　　　年　　月　　日　　　　　金额单位：

成本项目	直接材料	直接人工	制造费用	合计
期初在产品成本				
本月生产成本				
合　计				
约当产量				
分配率				
完工产品转出				
期末在产品成本				

制表：

产品成本计算单

车间名称：　　　　　　　　　　　　　　　　　　完工产量：

产品名称：　　　　　　年　　月　　日　　　　　金额单位：

成本项目	直接材料	直接人工	制造费用	合计
期初在产品成本				
本月生产成本				
合　计				
约当产量				
分配率				
完工产品转出				
期末在产品成本				

制表：

产品成本计算单

车间名称：　　　　　　　　　　　　　　　　　　完工产量：

产品名称：　　　　　　年　　月　　日　　　　　金额单位：

成本项目	直接材料	直接人工	制造费用	合计
期初在产品成本				
本月生产成本				
合　计				
约当产量				
分配率				
完工产品转出				
期末在产品成本				

制表：

产品成本计算单

车间名称： 完工产量：

产品名称： 年 月 日 金额单位：

成本项目	直接材料	直接人工	制造费用	合计
期初在产品成本				
本月生产成本				
合 计				
约当产量				
分配率				
完工产品转出				
期末在产品成本				

制表：

产品成本计算单

车间名称： 完工产量：

产品名称： 年 月 日 金额单位：

成本项目	直接材料	直接人工	制造费用	合计
期初在产品成本				
本月生产成本				
合 计				
约当产量				
分配率				
完工产品转出				
期末在产品成本				

制表：

产品成本汇总计算表

产品名称： 年 月 日 完工产量：

成本项目	直接材料	直接人工	制造费用	合 计	单位成本
铸造车间					
机加车间					
装配车间					
合计					
单位成本					

制表：

产品成本汇总计算表

产品名称：　　　　　　　　　　年　　月　　日　　　　　　　　　　完工产量：

成本项目	直接材料	直接人工	制造费用	合　计	单位成本
铸造车间					
机加车间					
装配车间					
合计					
单位成本					

制表：

业务 73

产 品 入 库 单

交货部门：　　　　　　　　20×8年12月31日　　　　　　　　编号 RK1201

名称	规格	单位	数量	单价	金额	备注
BP 电机						
合计						

记账联

交货　　　　　　　　保管　　　　　　　　制单

产 品 入 库 单

交货部门：　　　　　　　　20×8年12月31日　　　　　　　　编号 RK1202

名称	规格	单位	数量	单价	金额	备注
3D 电机						
合计						

记账联

交货　　　　　　　　保管　　　　　　　　制单

业务 74

产品出库单

购货单位　　　　20×8年12月4日　　　　编号 XS1201

名称	规格	单位	数量	单价	金额	备注
3D 电机			10			
合计						

记账联

收货　　　　保管　　　　制单

产品出库单

购货单位　　　　20×8年12月4日　　　　编号 XS1202

名称	规格	单位	数量	单价	金额	备注
BP 电机			5			
合计						

记账联

收货　　　　保管　　　　制单

产品出库单

购货单位　　　　20×8年12月9日　　　　编号 XS1203

名称	规格	单位	数量	单价	金额	备注
3D 电机			5			
合计						

记账联

收货　　　　保管　　　　制单

产品出库单

购货单位　　20×8年12月9日　　编号 XS1204

名称	规格	单位	数量	单价	金额	备注
BP电机			10			
合计						

记账联

收货　　保管　　制单

产品出库单

购货单位　　20×8年12月20日　　编号 XS1205

名称	规格	单位	数量	单价	金额	备注
BP电机			5			
合计						

记账联

收货　　保管　　制单

产品出库单

购货单位　　20×8年12月24日　　编号 XS1206

名称	规格	单位	数量	单价	金额	备注
ZD电机			30			
合计						

记账联

收货　　保管　　制单

产 品 出 库 单

购货单位　　20×8年12月24日　　编号 XS1207

名称	规格	单位	数量	单价	金额	备注
BP电机			20			
合计						

记账联

收货　　保管　　制单

产品销售成本计算表

20×8年12月31日

产品名称	期初结存			本期完工入库			本期销售		
	数量	单位成本	总成本	数量	单位成本	总成本	数量	单位成本	总成本
BP电机									
ZD电机									

业务 75-1

税金及附加草算表

年　　月　　日

城市维护建设税及教育费附加					
计税依据	计税基数	城建税		教育费附加	
		比例	金额	比例	金额

业务 75-2

增值税纳税申报表（适用于增值税一般纳税人）

根据国家税收法律法规及增值税相关规定制定本表，纳税人不论有无销售额，均应按税务机关规定的纳税期限填写本表，并向当地税务机关申报。

税款所属时间：自　年　月　日至　年　月　日　　　填表日期：　年　月　日　　　金额单位：元至角分

纳税人识别号				所属行业：	
纳税人名称	（公章）	法定代表人姓名		注册地址		营业地址	
开户银行及账号		企业登记注册类型		电话号码	

项目		栏次	一般项目		即征即退项目	
			本月数	本年累计	本月数	本年累计
销售额	（一）按适用税率计税销售额	1				
	其中：应税货物销售额	2				
	应税劳务销售额	3				
	纳税检查调整的销售额	4				
	（二）按简易征收办法计税销售额	5				
	其中：纳税检查调整的销售额	6				
	（三）免、抵、退办法出口销售额	7			—	—
	（四）免税销售额	8			—	—
	其中：免税货物销售额	9			—	—
	免税劳务销售额	10			—	—
税款计算	销项税额	11				
	进项税额	12				
	上期留抵税额	13				—
	进项税额转出	14				
	免抵退货物应退税额	15			—	—
	按适用税率计算的纳税检查应补缴税额	16			—	—
	应抵扣税额合计	17＝12＋13－14－15＋16		—		—
	实际抵扣税额	18（如 17<11，则为 17，否则为 11）				

续表

税款计算	应纳税额	19＝11－18				
	期末留抵税额	20＝17－18				—
	简易征收办法计算的应纳税额	21				
	按简易征收办法计算的纳税检查应补缴税额	22			—	—
	应纳税额减征额	23				
	应纳税额合计	24＝19＋21－23				
税款缴纳	期初未缴税额(多缴为负数)	25				
	实收出口开具专用缴款书退税额	26			—	—
	本期已缴税额	27＝28＋29＋30＋31				
	(1)分次预缴税额	28		—		—
	(2)出口开具专用缴款书预缴税额	29		—	—	—
	(3)本期交纳上期应纳税额	30				
	(4)本期缴纳欠缴税额	31				
	期末未缴税额(多缴为负数)	32＝24＋25＋26－27				
	其中:欠缴税额(≥0)	33＝25＋26－27		—		—
	本期应补(退)税额	34＝24－28－29		—		—
	即征即退实际退税额	35	—	—		
	期初未缴查补税额	36			—	—
	本期入库查补税额	37			—	—
	期末未缴查补税额	38＝16＋22＋36－37			—	—
授权声明	如果你已委托代理人申报,请填写以下资料: 为代理一切税务事宜,现授权 (地址)　　为本纳税人的代理申报人,任何与本申报表有关的往来文件,都可寄予此人。 授权人签字:		报人声明	此纳税申报表是根据《中华人民共和国增值税暂行条例》的规定填报的,我相信它是真实的、可靠的、完整的。 声明人签字:		

以下由税务机关填写:

收到日期:　　接收人:　　主管税务机关盖

业务 75-3

中华人民共和国企业所得税年度纳税申报表(A类)

税款所属期间：　　年　月　日至　　年　月　日

纳税人名称：

纳税人识别号：□□□□□□□□□□□□□□□□□□□□　　　　金额单位：元(列至角分)

类别	行次	项目	金额
利润总额计算	1	一、营业收入(填附表一)	
	2	减：营业成本(填附表二)	
	3	税金及附加	
	4	销售费用(填附表二)	
	5	管理费用(填附表二)	
	6	财务费用(填附表二)	
	7	资产减值损失	
	8	信用减值损失	
	9	加：其他收益	
	10	投资净收益	
	11	公允价值变动收益	
	12	资产处置收益	
	13	二、营业利润	
	14	加：营业外收入(填附表一)	
	15	减：营业外支出(填附表二)	
	16	三、利润总额(13＋14－15)	
应纳税所得额计算	17	加：纳税调整增加额(填附表三)	
	18	减：纳税调整减少额(填附表三)	
	19	其中：不征税收入	
	20	免税收入	
	21	减计收入	
	22	减、免税项目所得	
	23	加计扣除	
	24	抵扣应纳税所得额	
	25	加：境外应税所得弥补境内亏损	
	26	纳税调整后所得(16＋17－18＋25)	
	27	减：弥补以前年度亏损(填附表四)	
	28	应纳税所得额(26－27)	

续表

<table>
<tr><th>类别</th><th>行次</th><th>项　目</th><th>金额</th></tr>
<tr><td rowspan="15">应纳税额计算</td><td>29</td><td>税率(25%)</td><td></td></tr>
<tr><td>30</td><td>应纳所得税额(28×29)</td><td></td></tr>
<tr><td>31</td><td>减:减免所得税额(填附表五)</td><td></td></tr>
<tr><td>32</td><td>减:抵免所得税额(填附表五)</td><td></td></tr>
<tr><td>33</td><td>应纳税额(30－31－32)</td><td></td></tr>
<tr><td>34</td><td>加:境外所得应纳所得税额(填附表六)</td><td></td></tr>
<tr><td>35</td><td>减:境外所得抵免所得税额(填附表六)</td><td></td></tr>
<tr><td>36</td><td>实际应纳所得税额(33＋34－35)</td><td></td></tr>
<tr><td>37</td><td>减:本年累计实际已预缴的所得税额</td><td></td></tr>
<tr><td>38</td><td>其中:汇总纳税的总机构分摊预缴的税额</td><td></td></tr>
<tr><td>39</td><td>　　汇总纳税的总机构财政调库预缴的税额</td><td></td></tr>
<tr><td>40</td><td>　　汇总纳税的总机构所属分支机构分摊的预缴税额</td><td></td></tr>
<tr><td>41</td><td>　　合并纳税(母子体制)成员企业就地预缴比例</td><td></td></tr>
<tr><td>42</td><td>　　合并纳税企业就地预缴的所得税额</td><td></td></tr>
<tr><td>43</td><td>本年应补(退)的所得税额(36－37)</td><td></td></tr>
<tr><td rowspan="2">附列资料</td><td>44</td><td>以前年度多缴的所得税额在本年抵减额</td><td></td></tr>
<tr><td>45</td><td>以前年度应缴未缴在本年入库所得税额</td><td></td></tr>
<tr><td colspan="2">纳税人公章:
经办人:
申报日期:年　月　日</td><td>代理申报中介机构公章:
经办人及执业证件号码:
代理申报日期:年 月 日</td><td>主管税务机关受理专用章:
受理人:
受理日期:年 月 日</td></tr>
</table>

业务 75-4

利润总额计算表

20×8年12月31日

项目	本年金额	本月金额	1-11 月金额
主营业务收入			42 900 000.00
其他业务收入			469 916.26
投资收益			689 645.64
营业外收入			47 287.15
公允价值变动损益			385 000.00
资产处置损益			126 783.35
收入合计			44 618 632.40
主营业务成本			32 547 570.00
其他业务成本			351 233.84
税金及附加			867 398.33
销售费用			1 596 099.78
管理费用			5 308 123.75
财务费用			226 819.20
资产减值损失			419 337.50
营业外支出			22 000.00
信用减值损失			293 650.00
费用损失合计			41 632 232.40
利润总额			2 986 400.00

注：1-11 月发生业务招待费 112 378 元，广告费 200 000 元，罚款支出 12 000 元，向希望小学捐款 20 000 元。

业务 75-5

暂时性差异计算表

20×8年12月31日

项　目	账面价值	计税基础	可抵扣 暂时性差异	应纳税 暂时性差异
合　计				

业务 75-6

递延所得税资产(负债)计算表

20×8年 12月 31日

项　目	期初余额	本期发生额	期末余额
递延所得税资产			
递延所得税负债			

业务 76

利润分配计算表

20×8年 12月 31日

利润分配项目	分配比例	分 配 额
提取法定盈余公积金	10%	
提取任意盈余公积金	5%	
向投资者分配利润	30%	

第六节　会计核算所需实验材料数量统计

核算所需各类实验材料数量统计表

序号	核算资料名称	数量	备注
1	收款凭证	20 张	
2	付款凭证	50 张	
3	转账凭证	90 张	
4	三栏式总账	35 张	正反页各 1 个账户
5	三栏式明细账	15 张	同上
6	数量金额式明细账	10 张	同上
7	多栏式明细账	8 张	八栏式,同上
8	现金、银行日记账	8 张	
9	应交增值税明细账	5 张	
10	口取纸	1 张	
11	记账凭证封皮	3 张	
12	总账、明细账账夹	2 对	
13	账夹铆钉	2 对	
14	账簿启用表	2 张	

第七章　编制报表相关资料

第一节　科目汇总表

科 目 汇 总 表

年　月　日至　月　日　　　　编号：

单位：元

科目名称	账页	本期发生额		记账凭证起讫编号
		借方	贷方	
				收字 号至　号 ______张 付字 号至　号 ______张 转字 号至　号 ______张
合　计				

财务主管　　　　记账　　　　复核　　　　制表

科目汇总表

年　月　日至　月　日

编号：

单位：元

<table>
<tr><th rowspan="2">科目名称</th><th rowspan="2">账页</th><th colspan="2">本期发生额</th><th rowspan="2">记账凭证
起讫编号</th></tr>
<tr><th>借方</th><th>贷方</th></tr>
<tr><td></td><td></td><td></td><td></td><td rowspan="21">收字
号至　号
______张
付字
号至　号
______张
转字
号至　号
______张</td></tr>
<tr><td></td><td></td><td></td><td></td></tr>
<tr><td></td><td></td><td></td><td></td></tr>
<tr><td></td><td></td><td></td><td></td></tr>
<tr><td></td><td></td><td></td><td></td></tr>
<tr><td></td><td></td><td></td><td></td></tr>
<tr><td></td><td></td><td></td><td></td></tr>
<tr><td></td><td></td><td></td><td></td></tr>
<tr><td></td><td></td><td></td><td></td></tr>
<tr><td></td><td></td><td></td><td></td></tr>
<tr><td></td><td></td><td></td><td></td></tr>
<tr><td></td><td></td><td></td><td></td></tr>
<tr><td></td><td></td><td></td><td></td></tr>
<tr><td></td><td></td><td></td><td></td></tr>
<tr><td></td><td></td><td></td><td></td></tr>
<tr><td></td><td></td><td></td><td></td></tr>
<tr><td></td><td></td><td></td><td></td></tr>
<tr><td></td><td></td><td></td><td></td></tr>
<tr><td></td><td></td><td></td><td></td></tr>
<tr><td></td><td></td><td></td><td></td></tr>
<tr><td>合　计</td><td></td><td></td><td></td></tr>
</table>

财务主管　　　　记账　　　　复核　　　　制表

科目汇总表

年　月　日至　月　日

编号：

单位：元

科目名称	账页	本期发生额		记账凭证起讫编号
		借方	贷方	
				收字 号至　号 ____张 付字 号至　号 ____张 转字 号至　号 ____张
合　计				

财务主管　　　记账　　　复核　　　制表

科目汇总表

年　月　日至　月　日

编号：

单位：元

科目名称	账页	本期发生额		记账凭证起讫编号
		借方	贷方	
				收字 号至　号 ______张 付字 号至　号 ______张 转字 号至　号 ______张
合　计				

财务主管　　　　记账　　　　复核　　　　制表

科 目 汇 总 表

年　月　日至　月　日

编号：

单位：元

科目名称	账页	本期发生额		记账凭证起讫编号
		借方	贷方	
				收字 号至　　号 ______张 付字 号至　　号 ______张 转字 号至　　号 ______张
合　计				

财务主管　　　　记账　　　　复核　　　　制表

科目汇总表

年　月　日至　月　日

编号：

单位：元

科目名称	账页	本期发生额		记账凭证起讫编号
		借方	贷方	
				收字 号至　号 ______张 付字 号至　号 ______张 转字 号至　号 ______张
合　计				

财务主管　　记账　　复核　　制表

第二节 会计报表

一、资产负债表

资产负债表

会企 01 表

编制单位：　　　　____年____月____日　　　　单位：元

资　产	期末余额	年初余额	负债和所有者权益（或股东权益）	期末余额	年初余额
流动资产：			流动负债：		
货币资金		2 277 000	短期借款		2 670 000
交易性金融资产		300 000	交易性金融负债		
应收票据及应收账款		1 961 000	应付票据及应付账款		2 402 400
预付款项		152 000	预收款项		910 000
其他应收款		54 000	合同负债		
存货		4 879 000	应付职工薪酬		1 507 000
合同资产			应交税费		1 123 200
持有待售资产			其他应付款		959 500
一年内到期的非流动资产		150 000	持有待售负债		
其他流动资产			一年内到期的非流动负债		300 000
流动资产合计		9 773 000	其他流动负债		0
非流动资产：			流动负债合计		9 872 100
债权投资		790 000	非流动负债：		
其他债权投资			长期借款		1 200 000
长期应收款			应付债券		912 000
长期股权投资		5 726 000	其中：优先股		
其他权益工具投资			永续债		912 000
其他非流动金融资产			长期应付款		800 000
投资性房地产			专项应付款		
固定资产		15 850 000	预计负债		
在建工程		360 000	递延收益		

续表

资　产	期末余额	年初余额	负债和所有者权益（或股东权益）	期末余额	年初余额
工程物资		200 000	递延所得税负债		2 500
固定资产清理			其他非流动负债		0
无形资产		2 380 000	非流动负债合计		2 914 500
开发支出			负债合计		12 786 600
商誉			所有者权益：		
长摊待摊费用		240 000	实收资本（或股本）		17 600 000
递延所得税资产		24 000	其他权益工具		
其他非流动资产			其中：优先股		
非流动资产合计		25 570 000	永续债		
			资本公积		793 600
			减：库存股		
			其他综合收益		
			专项储备		
			盈余公积		2 380 000
			未分配利润		1 782 800
			所有者权益合计		22 556 400
资产总计		35 343 000	负债和所有者权益总计		35 343 000

二、利润表

利　润　表

会企 02 表

编制单位：　　　　　　　　　　　　　　____年度　　　　　　　　　　　　　　单位：元

项　目	本年金额	上年金额（略）
一、营业收入		
减：营业成本		
税金及附加		
销售费用		
管理费用		
研发费用		
财务费用		
资产减值损失		
信用减值损失		
加：其他收益		
公允价值变动收益（损失以“－”号填列）		
投资净收益（损失以“－”号填列）		
其中：对联营企业和合营企业的投资收益		
资产处置收益		
二、营业利润（亏损以“－”号填列）		
加：营业外收入		
减：营业外支出		
其中：非流动资产报废损失		
三、利润总额（亏损总额以“－”号填列）		
减：所得税费用		
四、净利润（净亏损以“－”号填列）		
（一）持续经营净利润（净亏损以“－”号填列）		
（二）终止经营净利润（净亏损以“－”号填列）		
五、其他综合收益的税后净额		
（一）不能重分类进损益的其他综合收益		
1. 重新计量设定受益计划变动额		
2. 权益法下不能转损益其他综合收益		
3. 其他权益工具投资公允价值变动		
4. 企业自身信用风险公允价值变动		
…		

续表

项　目	本年金额	上年金额(略)
(二)将重分类进损益的其他综合收益		
1. 权益法下可转损益的其他综合收益		
2. 其他债权投资公允价值变动		
3. 金融资产重分类计入其他综合收益的金额		
4. 其他债权投资信用减值准备		
5. 现金流量套期准备		
6. 外部财务报表折算差额		
…		
六、综合收益总额		
七、每股收益：		
(一)基本每股收益		
(二)稀释每股收益		

三、现金流量表

现金流量表

会企 03 表

编制单位：　　　　　　　　　　　____年____月　　　　　　　　　　　单位：元

项　目	行次	本期金额	上期金额(略)
一、经营活动产生的现金流量：			
销售商品、提供劳务收到的现金	1		
收到的税费返还	2		
收到其他与经营活动有关的现金	3		
经营活动现金流入小计	4		
购买商品、接受劳务支付的现金	5		
支付给职工以及为职工支付的现金	6		
支付的各项税费	7		
支付其他与经营活动有关的现金	8		
经营活动现金流出小计	9		
经营活动产生的现金流量净额	10		
二、投资活动产生的现金流量：			
收回投资收到的现金	11		
取得投资收益收到的现金	12		
处置固定资产、无形资产和其他长期资产收回的现金净额	13		
处置子公司及其他营业单位收到的现金净额	14		
收到其他与投资活动有关的现金	15		
投资活动现金流入小计	16		
购建固定资产、无形资产和其他长期资产支付的现金	17		
投资支付的现金	18		
取得子公司及其他营业单位支付的现金净额	19		
支付其他与投资活动有关的现金	20		
投资活动现金流出小计	21		
投资活动产生的现金流量净额	22		
三、筹资活动产生的现金流量：			
吸收投资收到的现金	23		
取得借款收到的现金	24		
收到其他与筹资活动有关的现金	25		
筹资活动现金流入小计	26		
偿还债务支付的现金	27		

续表

项目	行次	本期金额	上期金额(略)
分配股利、利润或偿付利息支付的现金	28		
支付其他与筹资活动有关的现金	29		
筹资活动现金流出小计	30		
筹资活动产生的现金流量净额	31		
四、汇率变动对现金及现金等价物的影响	32		
五、现金及现金等价物净增加额	33		
加:期初现金及现金等价物余额	34		
六、期末现金及现金等价物余额	35		
1. 将净利润调节为经营活动现金流量:			
净利润	1		
加:资产减值准备	2		
固定资产折旧、油气资产折耗、生产性生物资产折旧	3		
无形资产摊销	4		
长期待摊费用摊销	5		
处置固定资产、无形资产和其他长期资产的损失(收益以"－"号填列)	6		
固定资产报废损失(收益以"－"号填列)	7		
公允价值变动损失(收益以"－"号填列)	8		
财务费用(收益以"－"号填列)	9		
投资损失(收益以"－"号填列)	10		
递延所得税资产减少(增加以"－"号填列)	11		
递延所得税负债增加(减少以"－"号填列)	12		
存货的减少(增加以"－"号填列)	13		
经营性应收项目的减少(增加以"－"号填列)	14		
经营性应付项目的增加(减少以"－"号填列)	15		
其他	16		
经营活动产生的现金流量净额	17		
2. 不涉及现金收支的重大投资和筹资活动:			
债务转为资本	18		
一年内到期的可转换公司债券	19		
融资租入固定资产	20		
3. 现金及现金等价物净变动情况:			
现金的期末余额	21		
减:现金的期初余额	22		
加:现金等价物的期末余额	23		
减:现金等价物的期初余额	24		
现金及现金等价物净增加额	25		

四、所有者权益(股东权益)变动表

所有者权益(股东权益)变动表

会企:04表

编制单位:　　　　　　　　______年度　　　　　　　　单位:元

项目	行次	本年金额								上年金额							
		实收资本(或股本)	资本公积	减:库存股	专项储备	盈余公积	一般风险准备	未分配利润	所有者权益合计	实收资本(或股本)	资本公积	减:库存股	专项储备	盈余公积	一般风险准备	未分配利润	所有者权益合计
一、上年年末余额																	
加:会计政策变更																	
前期差错更正																	
二、本年年初余额																	
三、本年增减变动金额(减少以"—"号填列)																	
(一)净利润																	
(二)其他综合收益																	
上述(一)和(二)小计																	
(三)所有者投入和减少资本																	
1. 所有者投入资本																	
2. 股份支付计入所有者权益的金额																	
3. 其他																	

续表

项目	行次	本年金额								上年金额							
		实收资本(或股本)	资本公积	减:库存股	专项储备	盈余公积	一般风险准备	未分配利润	所有者权益合计	实收资本(或股本)	资本公积	减:库存股	专项储备	盈余公积	一般风险准备	未分配利润	所有者权益合计
(四)利润分配																	
1. 提取盈余公积																	
2. 提取一般风险准备																	
3. 对所有者(或股东)的分配																	
4. 其他																	
(五)所有者权益内部结转																	
1. 资本公积转增资本(或股本)																	
2. 盈余公积转增资本(或股本)																	
3. 盈余公积弥补亏损																	
4. 其他																	
(六)专项储备																	
1. 本期提取																	
2. 本期使用																	
(七)其他																	
四、本年年末余额																	

教学支持说明

▶▶课件申请

尊敬的老师：

您好！感谢您选用清华大学出版社的教材！为更好地服务教学，我们为采用本书作为教材的老师提供教学辅助资源。鉴于部分资源仅提供给授课教师使用，请您直接手机扫描下方二维码实时申请教学资源。

任课教师扫描二维码
可获取教学辅助资源

▶▶样书申请

为方便教师选用教材，我们为您提供免费赠送样书服务。授课教师扫描下方二维码即可获取清华大学出版社教材电子书目。在线填写个人信息，经审核认证后即可获取所选教材。我们会第一时间为您寄送样书。

任课教师扫描二维码
可获取教材电子书目

清华大学出版社

E-mail: tupfuwu@163.com　　网址：http://www.tup.com.cn/
电话：8610-83470158/83470142　　传真：8610-83470142
地址：北京市海淀区双清路学研大厦B座509室　　邮编：100084